최호권, 지방자치의 꿈

최호권, 지방자치의 꿈

펴낸날	초판 1쇄 2022년 2월 12일
지은이	최호권
펴낸이	서용순
펴낸곳	이지출판
출판등록	1997년 9월 10일
등록번호	제300-2005-156호
주소	03131 서울시 종로구 율곡로6길 36 월드오피스텔 903호
대표전화	02-743-7661 팩스 02-743-7621
이메일	easy7661@naver.com
디자인	박성현
인쇄	(주)지오피앤피

ⓒ 2022 최호권

값 15,000원

ISBN 979-11-5555-174-5 03340

※ 잘못 만들어진 책은 교환해 드립니다.

최호권, 지방자치의 꿈

공직 30년의 신념과 철학

이지출판

서문

"당신의 월급을 누가 준다고 생각하십니까?"
내가 행정고시 면접시험 때 받은 질문이다.
"제 월급은 국민들이 낸 세금으로부터 나옵니다."
면접관은 "그래요?" 하면서 나중에 면접시험을 통과하여 공직자가 된다면 이 질문에 대해 잘 생각해 보라고 덧붙였다.
그날 이후 나는 이 질문을 잊지 않았고, 내 나름대로 찾아낸 답을 가슴에 새기며 공직 생활을 하였다.
"내 월급은 내 자신이 준다."
나는 고용되어 월급을 받는 사람이 아니라, 내 사업을 하듯 주인의식을 가지고 국민을 위해 정책을 펼치는 사람이라고 생각했다. 공무원이란 국민이 원하는 것을 낭비 없이 최대한 노력해서 도와주는 사람이다.
'내가 열심히 하면 나라가 잘되고, 나라가 잘되면 나도 잘된다.'
이렇게 생각하며 공직에 헌신하였다.

30년 전 나는 지방자치시대 개막이라는 시대정신에 공감하여 **중앙부처 대신 서울시를 선택했다.** 우리나라가 선진국 수준의 성숙한 민주주의 국가로 발돋움하기 위해서는 지방자치의 성공이 필수라고 생각했기 때문이다.

민선 지방자치시대가 열리면서 여기에 걸맞게 서울시의 행정 패러다임도 획기적으로 바뀌었다. 시민이 직접 선택하는 자신의 정부, 임명권자가 아닌 오로지 시민의 뜻에 따르는 행정, 사전 예측이 가능한 계획 행정, 임기가 보장된 민선시장으로서의 중장기 비전 행정이 가능해진 것이다.

나는 영등포구청과 서울시청에서 17년 근무했다.

공직 첫 발령지인 영등포구청에서 행정의 기본을 배웠고, 민생 현장을 직접 체험하면서 주민들의 눈물을 닦아 줄 수 있는 따뜻한 마음을 가진 공직자가 되겠다고 다짐했다.

서울시청에서는 민선 1기 조순 시장부터 고건 시장, 이명박 시장, 오세훈 시장 시절을 거치며 서울시의 주요 업무들을 배우는 기회를 가졌다.

민선 1기 조순 시장 때 '서울시정(市政)운영 3개년 계획' 수립 팀에 참여하여 서울시 업무 전반에 대한 식견을 넓힌 일과, 이명박 시장의 정책비서관으로 일하며 '서울버스체계 개편'이나 '청계천 복원사업' 추진 과정에서 배운 행정 노하우는 공직 생활 내내 커다란 힘이 되었다.

나는 청와대 행정자치비서관실에서 근무했다. 서울시라는 울타리를 벗어나 국정업무 전반에 대한 시야와 견문을 넓히고 정책 판단과 조정 능력을 기르는 소중한 경험을 했다. 특히 전국 자치단체에서 올라오는 건의사항과 애로사항들을 검토하고 처리하며 많은 것을 배웠다. 주민들의 어려운 사정을 해결해 주고 또 지역 발전을 위해 최선을 다하는 모습을 보며 왜 지방자치를 실시해야 하는지 알 수 있었다.

지방자치시대는 국가가 나서서 더 이상 지역을 발전시켜 주지 않는다. 전국의 자치단체가 서로 치열한 경쟁을 하는 시대인 것이다. 따라서 기업도 전문경영인이 운영하듯 행정도 행정전문가가 맡아서 하는 것이 필요하다고 느꼈다.

지방자치가 부활된 지 30년이 되었다. 지방자치는 주민 스스로 자신들을 이끌 자치정부를 선택하고, 자기 책임 하에 지역을 발전시켜 나가는 제도다. 지난 30년 세월이 흐르는 동안 발전의 성과가 누적되면서 이제는 지역 간 격차가 크게 나타나고 있다.

나는 주민들 스스로 자기 지역 지방자치 30년에 대해 냉정하게 평가해 볼 기회가 있으면 좋겠다고 생각한다. 더 나은 지방자치를 위해, 제대로 된 지방자치를 위해, 지방자치다운 지방자치를 하기 위해 꼭 필요하다고 생각한다.

나는 지방자치의 힘을 믿는 사람이다. 아무리 중앙정치가 혼탁하고 어지러워도 풀뿌리 민주주의만 튼튼하다면 주민들의 삶의 안전을 지키고 지역 발전을 해낼 수 있다고 생각하기 때문이다.

나는 지방정부가 중앙에 대한 콤플렉스를 극복하고 지방의 자부심을 가져야 한다고 생각한다. 주민들의 삶의 현장에서 동고동락하며 직접 아픔을 해결해 주는 데 대한 자부심과 보람을 느꼈으면 한다.

나는 지방정치가 아니라 주민들의 눈물을 닦아 주는 생활자치(生活自治)여야 한다고 생각한다. 생활자치에는 여(與)도 없고 야(野)도 없다. 함께 살아가는 우리의 이웃이 있을 뿐이다.

나는 지방자치와 중앙정치는 지역과 나라 발전을 위한 파트너라고 생각한다. 풀뿌리 민주주의가 튼튼하고 건강하게 자란다면 중앙정치 문화도 긍정적인 영향을 받을 것이다. 깨끗하고 공정하고 정의로운 풀뿌리 민주주의를 실현하는 데 서로 힘을 모아야 한다.

나는 지방자치에 우리의 꿈과 미래가 있다고 생각한다. 마틴 루터 킹은 "이 세상 모든 것은 '희망'이 만들어 낸 것이다"라고 말했다. 우주 속에는 별보다 어둠이 압도적으로 많지만 우리는 어둠이 아닌 별이라는 희망을 보아야 한다. 서로 지혜를 모아 길이 없으면 길을 찾고, 찾아도 없으면 길을 만들어야 한다. 다함께 잘 사는 세상으로 가는 길 말이다.

희망은 일자리에 있다. 많은 일자리는 기업이 만든다. 이를 위해 우리는 아무리 어려워도 4차 산업혁명시대의 미래를 위한 투자, 디지털 역량을 갖춘 미래인재 육성에 힘써야 한다.

최고의 복지는 경제성장을 통한 일자리 창출이다. 경제성장만이 지속가능한 복지를 보장한다. 경제성장의 핵심은 기업 일자리이며, 이것은 소득, 결혼, 출산, 육아, 주택, 노후보장 문제를 해결할 수 있는 핵심 요소다. 기업의 창의성과 자율성을 억압하는 규제지상주의, 행정만능주의로 인해 기업이 해외로 떠나고 나면 그곳에 무엇이 남아 있겠는가?

미래는 우리 스스로 만들어 가는 것이다. 과거를 바꿀 수 없다면 노력해서 미래를 바꾸면 된다. 우리의 미래를 바꿀 수 있는 순간은 바로 '지금'이다. 아무것도 하지 않으면 아무 일도 일어나지 않는다. 도전이 없으면 얻는 것도 없다. 우리가 바라는 미래의 모습, 즉 지방의 미래비전을 세워서 실천해 나가야 한다.

나에게는 지방자치의 꿈이 있다.
오직 주민에게만 충성하는 참된 지방자치의 꿈!
정당 대결의 정치무대가 아니라 주민을 위한 생활자치의 꿈!

깨끗하고 공정한 풀뿌리 민주주의를 실행하는 청렴자치의 꿈!
경제성장을 통해 일자리를 창출하는 지속가능한 자치의 꿈!
바꿀 수 없는 과거가 아니라 도전하여 미래를 바꾸는 자치의 꿈!

나의 공직 생활 경험과 이러한 지방자치 철학이 '자치(自治)다운 지방자치'를 실현하는 데 조금이라도 보탬이 된다면 더없는 보람으로 여기겠다.

2022년 2월

최 호 권

차례

서문 • 4

감사의 글 • 268

제1장 지방자치 시대, 영등포구청과 서울시청

공직의 길–행정고시에 도전하다 • 14

중앙부처 대신 선택한 서울시 • 25

첫 번째 공직–영등포구청 문화공보실장 • 32

서울 실향민, 밤섬 원주민을 아시나요? • 42

민선1기 '서울시 바른시정(市政)기획단'에 참여하다 • 49

시민의 삶을 살찌우는 문화예술 • 55

'서울 청소년 육성 종합계획' 수립 • 63

2002년 FIFA 한일 월드컵대회의 감동 • 71

서울시 버스체계 개편 이야기 • 85

더 큰 세상, 청와대에서의 값진 경험 • 102

제2장 과학교육에 우리의 미래가 있다

4차 산업혁명시대, 과학인재 육성이 핵심이다 • 116

아이 손을 잡고 과학관으로 • 125

국내 최초로 문을 연 '국립어린이과학관' • 131

국립과천과학관을 리모델링하다 • 139

코로나 시대, 온라인 과학교실 • 154

안창남과 항공·우주의 꿈 • 160

비정규직의 정규직 전환 이야기 • 168

제3장 대한민국 총영사가 본 인도 이야기

고대부터 시작된 인도와 우리나라의 인연 • 178

대한민국 건국에 기여한 인도 대표 메논 의장 • 186

6·25전쟁과 인도의 역할 • 192

인도 '수자타 아카데미' 이야기 • 202

불가촉천민의 아버지 암베드카르 • 214

제4장 자치(自治)다운 지방자치를 위하여

지방자치 30년, 자치단체장의 철학과 덕목 • 234

공짜 복지 시리즈와 재정의 건전성 • 241

네루의 '사회주의 통제경제' 실험이 남긴 교훈 • 248

우리는 '요양보호 천사'와 함께 살고 있다 • 259

제1장
지방자치 시대
영등포구청과 서울시청

공직의 길 – 행정고시에 도전하다

중앙부처 대신 선택한 서울시

첫 번째 공직 – 영등포구청 문화공보실장

서울 실향민, 밤섬 원주민을 아시나요?

민선1기 '서울시 바른 시정(市政)기획단'에 참여하다

시민의 삶을 살찌우는 문화예술

'서울 청소년 육성 종합계획' 수립

2002년 FIFA 한일 월드컵대회의 감동

서울시 버스체계 개편 이야기

더 큰 세상, 청와대에서의 값진 경험

공직의 길 - 행정고시에 도전하다

무엇보다도 내 의지로, 좀 더 보람된 인생을 살기 위해 전공이라는 기득권 대신 스스로 선택한 행정고시. 그것에 합격할 수 있었던 원동력은 어려운 집안 형편에도 자식을 믿어 주고 지켜봐 주신 부모님의 지원과 격려 덕분이었다.

■ 원점에서 새로운 도전을 하다

나의 서울 생활은 대학 입학과 함께 시작되었다.

식품공학과를 전공으로 선택한 것은 생화학(Biochemistry) 분야가 재미있고, 또 앞으로의 전망도 밝다는 친구의 권유도 있었기 때문이다. 당시에는 대학생 과외 금지로 학과 공부를 열심히 하여 장학금을 받아야 했기에 전공과목 공부에 충실하였다. 방학 동안에도 기숙사에 머물며 대학원 선배들의 프로젝트 실험을 도와주면서 대학 생활을 했다.

대학을 졸업하고 취직자리를 알아보기 위해 대학교 은사님을 찾았다. 그때 교수님이 추천해 주신 곳은 당시 우리나라 최고의 제약회사인 유한양행이었다. 유한양행은 기업 이미지도 깨끗하고 또 창업자인 유일한 박사가 전 재산을 사회에 환원한 분으로 알려져 있어 평소 좋은 회사라는 생각을 가지고 있었다.

교수님의 추천서를 들고 유한양행에 면접을 보러 갔다. 회사 1층에 들어서니 유일한 박사의 인물상이 먼저 눈에 띄었고, 유 박사께서 "건강한 국민만이 장차 교육도 받을 수 있고 나라도 되찾을 수 있다"는 신념으로 1926년 제약회사 유한양행을 설립하였다는 소개의 글이 있었다.

이런 회사에 첫 면접을 본다는 뿌듯한 마음으로 면접 장소에 들어섰다. 이사 한 분이 기다리고 있었다. 그는 이것저것 물어보더니 영문으로 된 제품설명서를 번역해 보라고 했다. 순간 당황스러웠다. 더구나 생소한 전문용어가 섞여 있어 제대로 설명하지 못했다. 한마디로 준비가 부족했던 것이다. 면접관인 이사도 멋쩍은지 유한양행에서 만드는 의약품에 대한 설명을 하며 분위기를 바꾸려고 했다.

하지만 나는 유일한 박사에 대해 더 알고 싶어 질문을 했고, 면접관은 친절하게 설명해 주었다. 산업 인재를 키우기 위해 학교를 설립하고, 각종 공익재단에 기부를 통해 사회공헌을 실천하였으며, 전문경영인 체제를 도입하는 등 유일한 박사가 평생 기업가로서 펼쳐온 국익사상, 혁신을 바탕으로 한 합리적 실용주의, 절대 낭비를 하지 않는 근검절약 정신은 우리나라 기업사에서 보기 드문 사례였다.

이때 들었던 유일한 박사의 공익적인 삶의 자세와 기업가 정신은 나에게 강한 인상을 남겼고, 앞으로의 삶에 대해 근본적으로 고민해 보는 계기가 되었다. 대학교 동기들처럼 민간 기업에 취업할 수도 있지만, 이 첫 면접이 또 다른 삶의 방향을 결정짓는 데 중요한 영향을 미쳤다. 유일한 박사가 실천해 온 노블레스 오블리주의 기업가 정신과 나라를 위하는 그 마음이 면접 이후 내 가슴속에 계속 남아 있었기 때문이다.

면접을 보고 나서 한동안 기다렸으나 아무 연락이 없었다. 회사에 전화를 걸어 인사담당에게 물어보니 불합격이라고 했다. 이렇게 첫 면접시험은 끝이 났지만 크게 실망하지는 않았다. 다만 고향에 계신 부모님은 당연히 대기업에 취직을 할 거라고 기대하고 있는데 어떻게 말씀드려야 할지 난감했다.

그날 이후 나는 민간 회사에 취직할 것인가를 놓고 고민에 빠졌다. 계속 취업 면접을 보러 다닐 것인지, 아니면 전공분야 말고 근본적으로 방향을 전환하여 새로운 분야에 도전할지 처음부터 생각해 보지 않을 수 없었다. 삶의 방향을 결정해야 하는 매우 중요한 시기였다.

먼저 이 세상에 있는 직업들 중 내가 아는 것들을 적어 보았다. A4 용지 한 장을 채우기도 어려웠다. 써놓은 직업들을 하나하나 숙고하면서 생각을 가다듬어 나갔다. 그리고 곳곳에 살고 있는 친구들을 찾아가 조언을 구했다. 이렇게 열흘 정도 다니다 보니 어느 정도 정리가 되었다.

 직업의 선택 기준은 첫째, 내가 진정으로 하고 싶은 일, 둘째, 내가 열심히 노력하면 할 수 있는 것, 이 두 가지를 충족시켜 주는 것이었다. 결국 남은 건 공무원과 나머지 두세 개였다. 대학을 졸업할 때까지 한 번도 생각해 보지 않았던 공무원이라는 직업을 놓고 깊이 생각해 보았다. 그리고 나의 최종 선택은 공무원이 되는 것이었다.

 공직의 길을 선택한 이유는, 민간분야 취업을 준비하면서 느꼈던 일에 대한 보람이나 사회에 미치는 영향이 공공분야에서 더 만족도가 높을 거라는 판단에서였다. 삶의 보람, 의미 있는 인생이라는 측면에서 민간 영역보다는 공공의 영역이 더 매력적으로 다가왔다.

 그 후 나의 생각과 선택이 옳았다는 확신을 준 일이 있었다. 세계보건기구(WHO) 이종욱 사무총장의 이야기다. 의사인 그는 임상의를 하지 않았고 병원 진료도 하지 않았다. 대신 보건의료정책을 담당하는 행정분야, 즉 전 세계 에이즈 환자를 줄이기 위한 프로젝트를 수립하고 사람들을 치료하는 데 매진한 결과,

이종욱 세계보건기구 제6대 사무총장(출처 WHO)

100만 명 이상의 환자를 일상으로 돌아가게 도와주었다. 만약 이종욱 사무총장이 임상의를 선택했다면, 과연 WHO 사무총장이란 보건행정 책임자로서 도와준 이들보다 많은 환자를 치료해 줄 수 있었을까?

민간분야의 의사보다 공공분야에서의 역할이 훨씬 더 많은 사람을 치료하고 더욱 큰 보람을 줄 수 있었기에 이분이야말로 '더 큰 의사'라고 생각한다. 민간분야보다 공공조직에 들어가 행정을 펼치는 것이 보다 나은 세상을 만들어 가는 데 훨씬 큰 영향력을 발휘한 것처럼, 이종욱 사무총장도 나와 같은 생각을 가졌을 것이다.

■ 공직자의 길로 삶의 방향을 바꿔

이제 본격적으로 공직의 길에 들어서기로 마음먹고 시험 준비를 해야 했다. 그런데 어떻게 준비해야 할지 막막했다. 대학에서 이공계 분야를 전공했으니 고시와 관련된 과목은 생소할 수밖에 없었다.

우선 공직 입문을 위해 행정고시와 사법시험 중 하나를 정해야 했다. 어느 것을 선택해도 처음부터 새로 공부해야 하는 조건은 같았다. 하지만 공직의 길에 들어서기로 결정할 때 기준이 있었으니 이내 좁혀졌다. 보람이라는 기준이었다.

사법시험은 주로 검사, 변호사, 법원 판사를 하게 되는데 물론 그 나름의 보람이 있지만 아무리 열심히 해도 직접적으로 국민을 도와주는 데는 한계가 있다고 보았다. 이를테면 억울한 일을 당한 사람을 아무리 열심히 도와줘도 무죄판결을 이끌어 내는 정도에 그치는 것이 대부분이다.

반면 행정고시는 내가 열심히 정책을 펴면 정부의 예산과 조직을 활용하여 어려운 사람들을 적극적으로 도와줄 수 있을 것이라는 판단이 들었다. 그런 생각에 도달하니 행정고시로 뜻을 굳히게 되었다. 사회적 평판으로는 사법시험이 더 나을지 모르나 당시 사법시험은 450명, 행정고시는 180명을 뽑았다. 행정고시가 상대적으로 적게 뽑아 그만큼 어려웠다.

다시 고시 준비 첫 걸음마를 뗄 때의 얘기다. 병역 의무를 마치고 다시 공부할 준비, 즉 새로운 분야에 도전하려고 하니 어떻게 준비를 해야 할지 당황스러웠다. 시골에 고시학원이 있는 것도 아니었다. 먼저 마산(馬山) 시내에 있는 대형 서점에 가서 하루 종일 고시 합격 수기를 읽었다. 지금 기억에 《다시 태어나도 이 길을》이라는 책이었는데, 고시 3관왕 고승덕 변호사 등 합격자들의 노하우가 담겨 있었다. 시험 과목, 시험 시기, 공부 방법, 답안지 쓰는 요령, 과목별 추천도서, 기본서와 문제집 선택 등 꽤 도움이 되었다. 그리고 이날 1차 객관식 시험, 2차 주관식 논술시험, 3차 면접시험이 있다는 것도 처음 알았다. 주변에 상의할 사람도 없고 혼자 결정하고 책을 통해 고시 정보를 얻는 게 전부였다.

책을 한 권 사가지고 돌아왔다. 공부는 새벽 3~4시까지 했다. 물론 취직을 할 것으로 알고 계시는 부모님께는 말씀드리지 못했다. 아마도 부모님은 새벽까지 불이 켜진 걸 보고 취직 준비를 열심히 하는 것으로 아셨을 것이다.

그런데 오랜만에 책상에 앉아 있으니 10분도 못 견디고 좀이 쑤셨다. 안되겠다 싶어 의자에 앉아 있는 습관을 들이려고 몸과 의자를 끈으로 묶었다. 무심코 자리에서 일어나려다 묶여 있음을 깨닫고는 다시 앉아서 공부를 할 수밖에 없었다. 내가 선택한 길이고, 누가 시켜서 한 것이 아니기에 반드시 그 목표를 달성해야만 하는 절실함이 솟구쳤다.

더욱이 행정고시를 보는 수험생이 전국에 5만 명이라고 가정했을 때 내가 몇 등일까를 생각하니 정신이 퍼뜩 들었다. 예전에 이와 관련된 공부를 해 본 적이 없었기에 남들과 같은 시간만큼 공부해서는 절대로 실력 차이를 좁힐 수 없다고 생각했다. 시험에 합격하려면 180등 이내에 들어야 하는데, 그러려면 그야말로 뼈를 깎는 노력이 있어야 한다는 일념으로 새벽 3~4시까지 공부할 수밖에 없었다.

어느 날이었다. 열심히 공부를 하고 있는데 부모님이 TV 9시 뉴스에 전국 대졸자 대기업 취업 경쟁률이 나왔다며 "너는 어디에 지원서를 냈냐?" 하고 물으셨다. 가슴이 덜컹했다. 그때까지 고시 준비를 하고 있다는 말씀을 드리지 않았기 때문에 부모님은 당연히 대기업에 취업할 것으로 기대하고 계셨다. 그런데 고시 준비를 한다고 말씀드리면 걱정하실 게 분명했다.

하지만 언제까지 비밀로 할 수도 없어서 그날 머뭇거리며 "사실 고시 공부를 하고 있습니다. 공직에 들어가 보람된 인생을 살고 싶습니다" 하고 그간의 과정을 설명드렸다. 갑작스러운 고시 준비 이야기를 들으신 부모님은 저녁 내내 아무 말씀이 없으셨다. 그리고 며칠 후 조용히 이렇게 말씀하셨다.

"이왕 결심하고 시작했으니 일 년만 해 봐라. 그러면 네가 시험에 붙을 수 있는지 없는지 그 가능성은 판단해 볼 수 있지 않겠냐."

부모님은 자식의 의지를 꺾지 않고 기회를 주셨다. 일 년이란 조건부 허락이었지만, "생활이 어려우니까 고시 공부 그만두고 취직해라." 이 같은 말씀 대신 용기를 북돋아 주셨다.

평생 농사를 지으신 부모님은 그 시대 여느 부모님들처럼 많이 배우지는 못했지만 배움의 중요성을 잘 알고 계셨고, 자식의 성공을 위해 당신들을 희생하는 그런 분이었다.

이렇게 부모님 허락을 받고 나니 마음이 훨씬 가벼웠다. 무엇보다도 부모님이 내 뜻을 받아들여 주셨다는 것이 기뻤다. 그러나 뿌듯한 마음도 잠시, 불안감이 밀려왔다. 물론 일 년 허락을 받았지만 1차 시험은 불과 5~6개월밖에 남지 않아서였다. 그만큼 급박하게 돌아갔다.

1차 시험은 5과목이었다. 비전공자로서 한 달에 한 과목씩 해치

워야 했다. 몰려오는 그 절박함, 마치 백척간두에 서 있는 듯했다. 선택의 여지가 없었다. 더군다나 홀로, 집에서 해내지 않으면 안 되는…. 그때가 지금까지 살아오면서 목표 달성을 위해 가장 순수하게 몰입했던 시간이 아니었나 싶다.

1차 시험은 부산에서 봤다. 시험이 끝나고 인근 광안리 해변으로 갔다. 탁 트인 바다를 바라보며 미친 듯 소리를 질렀다. 짓눌렸던 그 무엇이, 한편 가슴에 자리했던 묵직한 덩어리 같은 게 씻은 듯 사라지는 후련함을 느꼈다. 그 기분으로 집에서 합격자 발표를 기다렸다. 1차 시험에 기적적으로 합격하였다. 부모님도 무척 기뻐하셨다. 스스로의 가능성을 증명해 보였다는 것이 더없이 기뻤다.

1차 시험에 합격하고 바로 짐을 챙겨 서울로 왔다. 2차 논술시험을 준비하기 위해서였다. 불과 두 달 정도 남겨 놓은 시점이었다. 1차 때 과목과는 전혀 별개로 한 번도 공부한 적이 없는 새로운 과목들이었다. 물론 합격 가능성은 없지만 경험 삼아 보기로 했다.

다음해 2차 주관식 논술시험을 열심히 준비했으나 아깝게 고배를 마셨다. 나중에 성적을 확인해 보니 과목 하나가 과락이었다. 그러나 전체 평균 점수는 커트라인보다 높았고, 한 과목만 과락이라 2차 논술시험도 별것 아니라는 자신감이 들었다.

2차 시험을 마치고 고향에 내려가서 발표 때까지 지내다가 연말쯤 신림동 고시촌에 들어갔다. 한 과목 과락이라는 자만심에 이전보다 좀 등한시하였다. 신림동 고시촌은 아무래도 같은 처지의 동료들과 어울리는 시간이 늘어나기 마련이었다.

1차 시험을 다시 치르고 2차 논술시험을 봤으나 결국 3년차에도 불합격이었다. 충격이 컸다. 조금만 더하면 붙을 것 같았건만 공부기간이 늘어나니 자신감도 많이 떨어졌다. 새로운 시험 준비생들이 해마다 늘어나는 치열한 경쟁 속에서 내가 정말로 합격할 수 있을지 불안감도 커져 괴로운 나날이 계속되었다.

그러나 이내 마음을 굳게 먹었다. 이 괴로움에서 벗어나는 유일한 길은 합격밖에 없다는 사실을 깨달았다. 만약 중도에 포기하고 다른 길로 도망간다면 평생 후회를 안고 살아갈 것이 뻔했기 때문이다. 결국 4년차에 최종 합격하였다.

도전한 지 4년 만에 최종 합격자 명단이 실린 신문을 사서 부모님께 보여 드리니 "잘했다"며 격려해 주셨다. 이때 낳아 주고 길러 주신 부모님 은혜에 첫 보답, '드디어 효도라는 걸 해 보는구나'라는 생각과 함께 '지긋지긋한 고시 공부를 더 안 해도 된다'는 홀가분한 마음이 들었다.

이제 하나는 마무리되었다는 해방감, 그 기분은 날아갈 것만 같았다. 비록 나의 멘토는 합격 수기였지만 무엇보다도 내 의지로, 좀 더 보람된 인생을 살기 위해 전공이라는 기득권 대신 스스로 선택한 행정고시. 그것에 합격할 수 있었던 원동력은 어려운 집안 형편에도 자식을 믿어 주고 지켜봐 주신 부모님의 지원과 격려 덕분이었다.

제34회 행정고등고시 합격증 수여식에서 부모님과 함께

중앙부처 대신 선택한 서울시

풀뿌리 민주주의라는 지방자치는 민주주의 훈련, 다양한 정책실험, 지자체 실정에 맞는 건전한 정책을 펴서 주민들의 삶의 질 향상을 위한 선의의 경쟁을 하고 이를 통해 지방자치는 발전한다. 나는 우리나라 지방자치의 성공에 기여하고 싶어서 서울시를 선택했다.

1990년 제34회 행정고시 일반 행정직에 합격하여 이듬해 4월부터 총무처 소속 수습 사무관 신분으로 과천 중앙공무원교육원에서 신임관리자 과정 교육을 받았다. 일 년간 장기 교육연수가 끝나면 각자 희망하는 근무 부처를 결정하게 되는데, 그 결정 기준은 합격 당시의 성적과 일 년간의 교육 성적을 합산하여 종합 순위를 매겨 정했다. 자신이 원하는 부처가 있어도 성적 좋은 사람이 먼저 선택하면 지원할 수 없었다.

교육을 받은 수료생이 강당에 모여 성적 순서대로 한 명씩 일어나 칠판에 적힌 부처별 모집 정원을 보고 근무 희망 부처를 선택한다. 나는 성적이 상위권이어서 대부분의 중앙부처를 선택할 수 있었다. 하지만 평소 생각대로 주저없이 중앙부처가 아닌 서울시를 선택했다. 그 이유는 당시 막 시작되고 있던 '지방자치시대의 부활'이라는 시대적 변화에 공감하여 우리나라가 제대로 된 민주국가로 성장하기 위해서는 지방자치의 성공이 필수적이라고 생각했기 때문이다.

■ 지방자치에 대한 나의 철학

31년 만에 부활된 지방자치는 1991년 지방의회 의원만 우선 선거로 뽑았다. 자치단체장은 여전히 중앙정부에서 관선 단체장으로 임명하다가 1995년부터 비로소 자치단체장과 지방의회 의원을 모두 민선으로 선출하였다. 나는 우리나라가 해외 선진국들처럼 명실상부한 민주주의 국가로 성장하길 바랐다. 그러기 위해서는 과거 중앙집권시대처럼 정부가 전국의 지방행정을 일방적이고 획일적으로 끌고 가는 방식이 아니라, 자율적인 지방자치를 통해 민주주의의 뿌리를 튼튼하게 내리게 하는 게 중요하다고 보았다.

지방자치는 주민들이 선거를 통해 자치단체장과 의원을 선택하는 등 민주주의 훈련을 하고, 각 지역마다 실정에 맞는 맞춤형 정책을 펴서 성과를 낸다. 또한 다른 지역의 우수한 제도를 벤치마킹하여 이를 지역 발전의 동력으로 삼아 주민들 삶의 질을 높여 나가는 것이다. 이는 훨씬 민주적이며, 지역 실정에 맞는 수요자 중심

잔디광장이 생긴 서울시청(출처 서울시)

의 행정 서비스 제공이 가능한 장점이 있다.

　미국, 유럽, 일본 등 선진국의 사례와 같이 앞으로는 지방에서 쌓은 실적과 경험이 풍부한 검증된 인재들이 중앙으로 진출하여 나라 전체를 이끌어 가는 선진국 모델이 우리나라에도 필요하다고 보았다. 즉 과거에는 중앙정부에서 지방으로 임명직 시도지사를 내려보내는 중앙통치 방식이었다면, 앞으로는 지방자치제 실시에 따라 지방행정에서 잘 훈련되고 실적이 검증된 인재들이 중앙정부로 진출하는 시대가 펼쳐져야 한다고 생각했다. 이들이 국정의 한 축을 담당하게 되면 국가 운영에 있어서 상당부분 시행착오와 혼란을 줄일 수 있고 자연스럽고 매끄럽게 국정을 이끌어 가는 중심이 될 수 있을 것이라고 판단했다.

　미국의 경우도 1960년대 말 취임한 닉슨 대통령 때부터 2009년 오바마 대통령 이전까지 약 40년간 주지사 출신이 대통령으로 선출된 것이 이러한 논리를 뒷받침하고 있다. 일본의 경우도 마찬가지다. 호소카와 모리히로가 쓴 《지방의 논리》라는 책이 선풍적 인기를 끌며 "중앙무대에 대한 지방의 콤플렉스를 극복하자", "국민들에게 직접 서비스를 제공하는 지방자치에 꿈과 미래가 있다"는 주장이 뜨거운 호응을 얻기도 하였다.

　이러한 지방자치 열풍을 바탕으로 호소카와는 나중에 일본 자민당 40년 집권의 아성을 무너뜨리고 비자민당 출신으로서는 최초로 일본 총리까지 지내기도 하였다.

이러한 지방자치에 대해 나름의 철학을 갖고 있던 내가 16개 지방자치단체 중에서 서울시를 선택한 이유는 크게 두 가지다.

첫째, 지방자치의 성공 모델을 만들기 위한 다양한 정책을 수립, 추진하는 데 있어 인적·물적 자원이 풍부한 서울시가 가장 유리하다는 것.

둘째, 우리나라 대도시 중 행정 환경이 가장 어렵고 복잡한 거대 도시 서울에서 성공한 정책이라면 이를 지방으로 확산, 적용하는 데 큰 무리가 없을 것이라는 판단에서였다.

이렇듯 서울시는 16개 광역자치단체의 행정을 이끄는 맏형으로서 성공적인 행정 서비스 모델을 개발하여 지방으로 확산시킨 것이 한두 가지가 아니다.

그 대표적인 사례로 내가 이명박 서울시장을 비서실에서 보좌하며 경험한 '서울시 버스체계 개편'의 경우다. 버스중앙차로제, 환승 무료 시스템 등을 핵심 내용으로 하는 버스체계 개편 사업은 시민들의 도시 생활과 생업 종사에 있어 필수적인 인프라였다. 시행 초기에 다소 혼란이 있었으나 이를 빠른 시일 내에 극복하고 성공적으로 안착한 버스체계 개편 정책은 이후 우리나라 주요 지방 도시에 도입 확산되어 국민들의 편리한 도시 생활에 크게 이바지하고 있다.

■ 지방자치 성공을 바라는 열정은 그대로 남아 있다

 지난 30년의 세월을 돌이켜본다. 수습 사무관 교육을 마치고 강당에 모여 누구의 눈치도 보지 않고 당당하게 제일 먼저 서울시를 희망 근무 부처로 선택했을 때 말이다.
 풀뿌리 민주주의라는 지방자치는 민주주의의 훈련, 다양한 정책실험, 지자체 실정에 맞는 건전한 정책을 펴서 주민들의 삶의 질을 향상시키기 위한 선의의 경쟁을 하고 이를 통해 지방자치는 발전한다. 나는 우리나라 지방자치의 성공에 기여하고 싶어서 서울시를 선택했었다.

 그때 그런 나의 소신과 판단이 옳았다는 생각이 든다. 이후에 청와대, 중앙부처, 외교관 등의 공직 생활을 할 때도 서울시에서의 경험이 커다란 자양분이 되었기 때문이다. 늘 국민의 현장 목소리에 귀 기울이고 국민의 입장이 되어 업무를 처리하고자 하는 행정 서비스 마인드가 내 몸 속에 DNA가 되어 새겨져 있다.

 우리 사회에는 아직도 힘든 삶을 살아가는 복지 사각지대에 놓인 사람들이 많다. 일선 현장에서 어려운 국민의 눈물을 닦아 주고 보듬으며 힘이 되어 줄 수 없는 안타까운 현실이 있음은 가슴 아픈 일이 아닐 수 없다. 국민의 어려움을 조금이라도 덜어 줄 수 있는 촘촘한 거미줄 복지행정이 요구된다. 국민이 어려울 때 기댈 수 있고 힘이 되어 주는 그런 지방자치단체가 되기를 바라는 마음 간절하다.

 지금도 중앙부처 대신 서울시라는 지방자치단체를 지원했던 당초의 생각, 초심(初心) 그리고 지방자치의 성공을 바라는 그 순수한 열정은 내 마음에 그대로 남아 있다.

첫 번째 공직 - 영등포구청 문화공보실장

공직 첫 발령지 영등포구청, 이곳에서 행정의 기본을 배웠다. 공공의 안녕을 지키는 최후의 보루는 공무원이다. 기초자치단체는 주민들의 안전을 지키고 응급상황과 비상재난 시에 바로바로 능동적으로 대처해야 할 책임이 있다. 주민들의 어려움을 보살펴 주는 따뜻한 마음을 가진 단체장, 공직자가 되어야 한다. 그걸 보고 배운 영등포구청 3년의 경험은 공직 생활의 소중한 밑거름이 되었다.

    1992년 4월, 행정고시 합격 후 일 년간 중앙공무원교육원 연수를 마친 다음 영등포구청에 첫 발령을 받았다. '문화공보실장'이라는 과장 직책이었다. 첫 발령지여서 기대와 설렘도 있었지만, 아직은 행정 업무 경험도 없고 구정(區政)에 대해 잘 모르니 긴장되는 마음이 더 컸다.

    당시 서울시 인사원칙은 공직을 시작하는 사무관들에게 각 구청 과장으로 첫 발령을 냈다. 주민들과의 접촉이 잦을 수밖에 없는 구청에서 일선 행정을 익힐 기회를 줌으로써 민생 현장을 직접 체험하고 배워 나가게 하기 위함이었다.

■ 문화공보실장으로 첫 업무를 시작하다

구청 문화공보실장 자리는 그 이름이 암시하듯 문화·공보 업무를 담당하는 곳이다. 첫째로 구민들의 문화 욕구 충족을 위한 각종 프로그램 운영과 문화 공연 등의 업무를 담당하고, 둘째로 구청이 하는 일을 신문, 방송 등 미디어를 통해 대외에 널리 알리는 공보 업무였다. 특히 언론사 기자들을 상대해야 하는 공보 업무는 초보 공무원에게는 쉽지 않은 일이었다.

지금처럼 휴대폰이 없던 시절, 30년 전에 있었던 이야기다. 구정 현안 문제에 대해 기자가 임의 취재를 해 기사화하기로 한 것인데, 다소 민감한 사안이어서 해당 기자에게 충분히 설명하고 설득해 기사화하지 않겠다는 확답을 받아냈다. 이 같은 결과를 구청장에게 보고한 후 저녁 약속이 있어 퇴근했는데 웬걸, 해당 기자는 언론사 내부적으로 문제가 있었는지 구청장에게 직접 전화를 걸어 취재한 내용을 내보내야겠다고 했던 것이다. 처음과 달리 약속이 깨지자 구청 공보팀은 나를 찾느라 구청 인근을 찾아 헤맸다.

나는 당시에 구민회관 뒤쪽에 있는 한양아파트에 방 한 칸을 얻어 살고 있었다. 그날 저녁 밤늦은 시간에 귀가하니 함께 사는 주인 할머니가 구청에서 직원이 찾아오고 난리가 났다고 전해 주었다. 다음 날 아침 일찍 출근하여 구청장실에서 대기하고 있었다. 출근하는 구청장을 따라 들어가 "죄송합니다"라고 했더니, 구청장은 "어떻게 하면 연락이 되겠어?"라고 한마디 했다. 그래서 "삐삐를 사 주십시오"라고 대답하니 구청장은 어이가 없다는 표정으로 "알았어!" 하고는 구청 모든 간부에게 삐삐를 지급할 것을 지시했다.

그날로 영등포구는 서울시와 자치구를 통틀어 최초로 전 간부 상시 연락체계를 갖추게 되었다. 공보실장의 연락두절이 구청 차원에서 의사소통 및 비상연락망을 개선하는 계기가 되었던 것이다.

보통의 경우라면 문제를 매끄럽게 처리하지 못한데다 연락마저 닿지 않은 간부를 엄하게 질책했을 것이다. 그러나 혼내기보다는 리더로서 관용을 발휘하고, 발 빠르게 문제의 원인을 찾아 해결하는 구청장의 모습은 공무원 초년생인 나에게 깊은 인상을 남겼다. 권위적인 관료사회의 그것과는 사뭇 달라 나에게 신선한 충격으로 다가왔으며, 후일 이와 같은 사려 깊은 관리자로 성장하고자 다짐하는 계기가 되었다.

이어서 당혹스러운 기억으로 남아 있는 일화 하나를 더 소개한다. 당시 영등포구는 다른 자치구에 비해 구민회관이라는 문화공간이 일찍 탄생했다. 그래서 이를 활용해 주민들의 화합과 결속을 위한 동별 구민노래자랑을 기획, 개최하였다.

행사 당일 주민들이 각 동(洞) 대표들을 응원하기 위해 속속 모여들기 시작했다. 출연자들도 대기실에서 기다리고 있고, 인사말을 할 구청장도 입장해 자리에 앉아 있었다. 그런데 아뿔싸! 당초 행사 사회를 보기로 되어 있는 유명 개그맨이 시간이 다 되어도 나타나지 않았다. 휴대폰이 없던 시절이니 연락할 방법도 없었다. 그야말로 대형사고였다.

안 되겠다 싶어 할 수 없이 과장인 내가 무대에 올라가 사회를 보았다. 노래자랑 사회는 물론 주민 앞에서 마이크를 잡아본 경험도, 구청에서 다른 행사를 치러본 적도 없으니 어색할 수밖에 없었다.

예를 들어 사회자가 출연자를 호명하면 단상으로 나오는 동안 관중석의 응원단은 피켓을 들고 환호성을 지르고, 출연자가 무대 중앙에 멈춰 서는 타이밍에 맞춰 동시에 반주가 흘러나와야 하는데 제대로 나오지 않는 등 음향실과 스태프들도 손발이 맞지 않아 진행이 엉망이었다. 얼굴이 화끈 달아오르고 공연장 분위기는 썰렁했다. 이때 공직 경험이 많은 문화계장이 사회를 대신 보겠다고 나서서 마이크를 넘겨주고 그런대로 행사를 마무리지을 수 있었다.

하지만 이 일을 계기로 무슨 일이든 '대충'이란 것은 절대로 있을 수 없으며, 철저하게 사전 체크와 함께 잠재적인 리스크까지도 예상하면서 만일의 상황에 대비하여 차선책을 강구해 놓아야 한다는 교훈을 얻었다.

■ 현장단속 경험과 행정처분

문화공보실장 자리는 비디오 대여점, 극장, 출판사, 인쇄소 등을 관리하는 업무도 맡고 있어서 영화 상영 프로그램 신고, 출판사 허가 같은 민원 업무도 처리하였다.

이때 불법 비디오 유통 근절을 위해 비디오 대여점에 현장단속을 나갔던 경험은, 법이 정해 놓은 단속 규정과 소규모 대여점 주인들이 처한 현실 사이에 얼마나 큰 괴리가 있는가를 깨닫게 해주었다. 불법행위에 대한 처분을 하면서도 마음 한구석에는 늘 편치 않은 감정이 남아 있었다.

■ 영등포구 문화예술인협의회 창립

영등포구는 타 자치구보다 각종 공연·전시 등을 할 수 있는 구민회관이 일찍 문을 열었고, 이를 활용하여 초창기 다양한 문화교양 강좌, 무용교실 같은 취미교실을 개발하여 구민들에게 제공하였다. 또한 영등포에 살고 있는 유명 문화예술인들을 발굴하여 창작활동을 지원하고 재능기부를 통해 구민들에게 문화 향수의 기회를 제공하는 '영등포구 문화예술인협의회'를 조직, 창립식을 갖고 출범시켰다.

이것이 모태가 되어 후일 한국예총 영등포구지회로 계승되었다. 서울대 음대 김정길 교수, 박상윤 안과원장, 전영각 서예가 등

'영등포구 문화예술인협의회' 박상윤 이사장(왼쪽), 청암 전영각 위원장(오른쪽)과 함께

유명 인사들을 모시고 음악, 미술, 서예, 사진 등 각 분과별로 구민들의 문화활동을 리드하도록 행정적·재정적 지원을 하였다.

이렇게 지역 내 유명 예술인들을 발굴하고 주민들과 교감할 수 있는 장(場)으로 이끌어 내 인프라를 구축하는 일은 지방자치시대의 개막을 알리고 구민의 삶을 풍요롭게 하는 상징적인 사업이었다.

■ 제1회 여의도 벚꽃축제를 기획하다

돌이켜보면 이곳 영등포에서의 크고 작은 문화행사를 주관한 것이 나름의 문화마인드를 싹트게 한 계기가 되었다. 서울시에서는 서울을 수도(首都)로 정한 지 600년이 되는 해를 기념하여 '서울 정도(定都) 600년' 사업을 대대적으로 개최하였다. 영등포구에서도 아이디어를 내어 동참했는데, 그것이 바로 오늘날 여의도 봄꽃축제의 시발점이 된 '제1회 여의도 벚꽃축제'다.

4월 중순 국회의사당 뒤 윤중로 1.7km 구간에서 펼쳐진 축제는 윤중초등학교 학생들이 서울 정도 600년 사업의 마스코트인 다울이, 새울이, 신울이, 여울이 등의 마스코트 의상을 입고 선두에 서서 행진하고 그 뒤를 시민들이 따라 걸었다. 한강의 시원한 강바람을 맞으며 벚꽃길을 걷는 이날의 모습은 그야말로 한 폭의 그림 같았고, 시민들의 탄성이 이어졌다.

또한 세계 최초로 금속활자를 발명한 우리나라의 출판·인쇄문화유산을 수집·전시하기 위해 김종규 회장이 당산동에 설립한 삼성출판박물관에서 서울 정도 600년 사업의 일환으로 개최한 전시회를 도왔던 기억이 난다. 미국 스미스소니언 박물관에 소장되어 있는 우리나라 근대 사진 약 100여 점(유리원판)을 들여와 전시함으로써, 구한말 외국 선교사들이 촬영한 우리 선조들의 생활상과 서울의 근대 시가지 모습 등을 생생하게 엿볼 수 있는 역사적 가치가 담긴 뜻깊은 전시회였다.

▶ 여의도 벚꽃길(출처 연합뉴스)

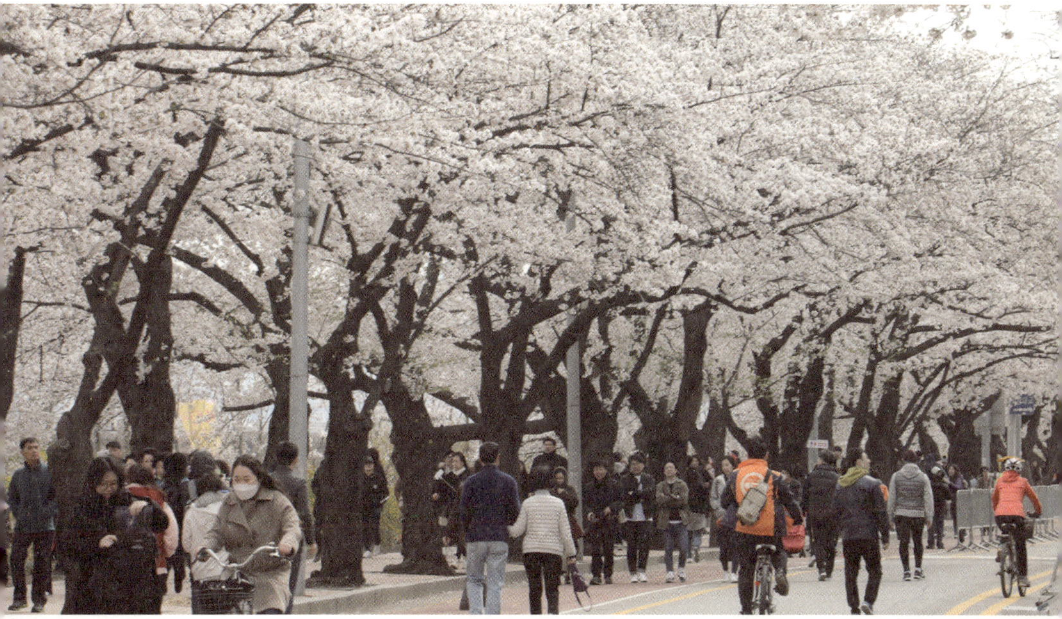

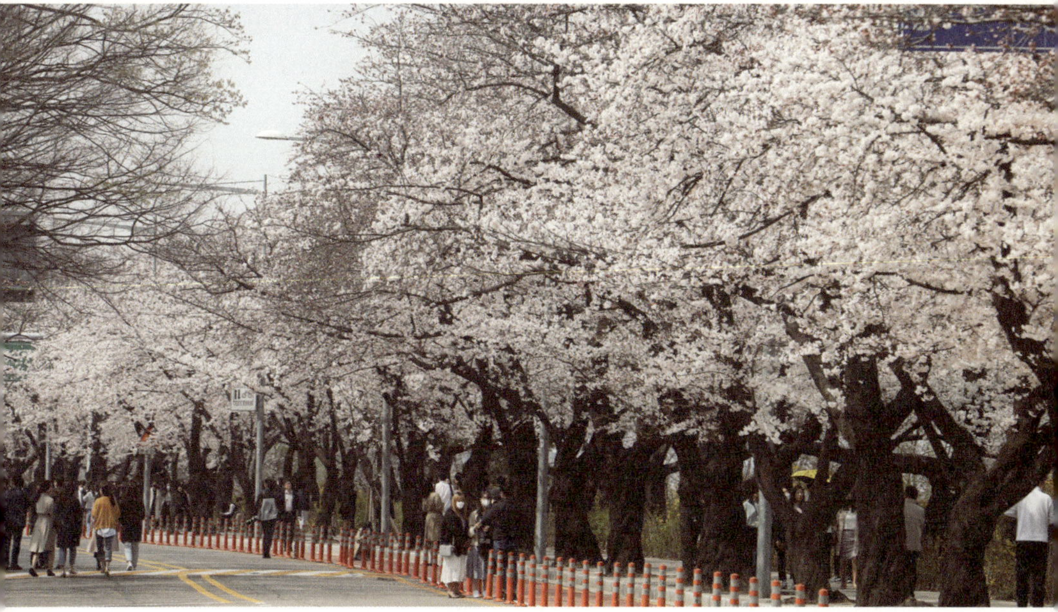

■ 신세대 문화 충격, 서태지와 아이들 공연

무엇보다도 신세대 문화에 신선한 충격을 받은 것은 여의도 한강시민공원 옛 LG무대에서 열린 '서태지와 아이들' 공연이었다. 서울시가 주관한 행사지만 영등포구에서 지원을 나갔는데, 그때 정말 깜짝 놀랄 만한 문화적 충격을 받았다. 오늘날 K-POP 1세대 원조격인 이들의 당시 출연료가 500만 원(?) 정도로 엄청난 금액이었다. 공연이 있기 전날 오후부터 교복 입은 학생들이 모여들어 진을 치고 무대 밑에서 잠을 자는 등 팬심을 과시하는 모습은 처음 보는 광경이었다. 행사 당일 경찰들이 양쪽에 서서 가수들의 출입 통로를 겨우 확보할 정도로 인산인해를 이뤘다.

나는 학생들이 '서태지와 아이들' 공연에 열광하는 문화혁명의 현장을 보면서 세대 변화와 함께 문화 트렌드의 변화를 느낄 수 있었다. 서태지의 등장 이후 우리나라 대중음악은 10~20대에게 주도권이 넘어왔으며 격렬한 안무와 댄스음악, 랩 등이 대세를 이루게 되었다. 이렇게 시작된 신세대 음악은 오늘날 우리나라와 아시아를 넘어 전 세계 한류문화를 선도하는 새로운 문화현상으로 자리매김했다. 이날의 공연 장면을 통해 느끼고 배운 점은 행정을 하면서 새로운 시대 흐름을 예리하게 관찰하고 거기에 맞춰 변화하는 행정인의 자세가 중요하다는 점이다.

또한 그날 공연 이후 나는 서태지의 매력에 빠져 그의 팬이 되었다. 서태지는 고등학교를 중퇴하고 자신이 좋아하는 음악에 인생의 승부를 걸었다고 한다. 그는 자기가 좋아하는 일을 하는 것이 중요하지 학력, 졸업장 같은 것은 중요하지 않다고 봤다. 그의 이런 생각은 내가 신세대 청소년들을 이해하는 데 큰 도움이 되었다. 나중에 서울시 청소년과에 근무할 때 '서울 청소년 육성 종합계획' 수립이나 영등포구 당산동 소재 '하자센터'를 방문하여 청소년들을 만나고 그들과 교류할 때 많은 도움이 되었다.

공직자에게는 시대가 흘러도 지켜야 할 가치가 있다. 늘 깨어 있는 공복(公僕)으로서의 의무를 잊지 말아야 한다는 것이다. 퇴근 후 연락이 안 된 것은 나의 잘못이다. 주민의 삶을 가까이에서 보살피는 기초단체 공무원은 24시간 비상연락체계가 늘 작동되어야 한다. 주민들에게 밤새 무슨 돌발 상황이 일어날지 모르기 때문이다.

공공의 안녕을 지키는 최후의 보루는 공무원이다. 기초자치단체는 주민들의 안전을 지키고 응급상황과 비상재난 시에 바로바로 능동적으로 대처해야 할 책임이 있다. 주민들의 어려움을 보살펴 주는 따뜻한 마음을 가진 단체장, 공직자가 되어야 한다. 그것을 보고 배운 영등포구청에서의 3년 경험은 공직 생활의 소중한 밑거름이 되었다.

서울 실향민, 밤섬 원주민을 아시나요?

1993년 처음으로 밤섬 원주민 고향 방문 행사를 기획, 주관하면서 느꼈던 '서울 실향민'이라는 가슴 아픈 사연이 지금도 생생하게 떠오른다. 서울에서 태어났거나 또 지금 서울에서 살아가고 있는 우리에게 '서울'이라는 고향이 얼마나 소중한지 밤섬 원주민을 생각하며 되뇌어본다.

■ 서울 실향민을 아시나요?

서울이 고향이면서도 더 이상 고향땅에 갈 수 없는 사람들! 1968년 폭파되어 없어진 밤섬 원주민들이 바로 그들이다.

공직 생활 첫 보직으로 영등포구청 문화공보실장으로 일할 때 한강의 섬 중에서 사람이 가장 많이 살았던 밤섬에 대해 알게 되었다. 그 개발시대의 역사를 공부하면서 어쩔 수 없이 고향을 떠나야 했던 밤섬 주민들의 가슴 아픈 사연도 공감하게 되었다. 과거의 자료를 찾아보고 다방면으로 수소문한 결과, 당시 이주민

대다수가 마포구 창전동 와우산 자락이나 안양시 등지로 이주한 것을 확인하였다.

그리고 와우산 중턱에 살고 있는 어르신들을 찾아뵌 자리에서 고향땅에 대한 그리움이 담긴 사연들을 들을 수 있었다. 다시 돌아가 살고 싶어 멀리 타지(他地)로 떠나지 못하고 고향 밤섬이 내려다보이는 이곳으로 옮겨 왔다면서, 고향에 꼭 한 번 들어가 보고 싶다는 소원을 털어놓는 것이었다.

그날 이후 밤섬 원주민들의 간절한 소망이 잊히지 않고 계속 가슴에 남아 있어 이들의 고향 방문 소원을 이뤄 드려야겠다고 결심했다. 그리고 1993년 밤섬 원주민 방문 행사를 최초로 기획하여 서울시 출입허가를 받아 그들과 함께 배를 타고 밤섬을 방문했다. 1968년 고향을 떠난 후 25년 만에 고향땅을 밟은 원주민들은 간절한 소원이 이루어졌다면서 감격해하며 덩실덩실 춤을 추기도 했다.

준비해 간 제물로 귀향제를 지낸 후 각자의 추억을 떠올리기도 했다. 자기 집과 친구 집, 친척집은 어디쯤이고 마을 골목길은 어디에 나 있었으며 함께 어떻게 살았는지… 옛 이야기는 끝이 없었다. 섬에서 나올 때 원주민 한 분이 밤섬에서 하룻밤 자고 가겠다고 고집을 부리기도 했던 기억이 난다.

고향 방문 행사 이후 여의도 한강시민공원(서강대교 부근)에 밤섬의 옛 모습과 역사를 새긴 표지석을 만들어 세웠는데, 지금도 밤섬이 건너다보이는 자리에서 그 시절의 이야기를 들려주고 있다.

밤섬은 원래 1만7천여 평의 밤톨 모양 돌산이었다. 밤섬의 모래 백사장은 새하얀 밀가루처럼 너무나 고왔다. 이것이 한강 물빛과 어우러져 얼마나 아름다웠는지 율도명사(栗島明沙)라 불리며 한강의 명소로 유명했다. 내가 원주민들과 방문했을 때도 새하얀 백사장은 옛 명성 그대로 변함없이 희고 고왔다.

옛날의 밤섬은 여름을 제외한 갈수기에는 모래벌판인 여의도와 직접 연결되어 주민들이 여의도로 건너가 땅콩, 야채 등을 재배하였다고 한다.

조선 초기에는 왕실에서 뽕나무 재배단지로 지정하여 '서잠실'로 불리기도 했다. 이후 전국 각지에서 한양(漢陽)으로 각종 공물과 특산물들을 배로 실어왔고, 건너편 마포나루에 짐을 내려놓은 배들은 오랜 항해로 손상된 부분이 많았는데 이를 밤섬에 사는 장인들이 수리하였다고 한다. 고향 방문 행사 때 밤섬을 찾은 원주민 중에도 과거에 배를 수리하던 분이 포함되어 있었던 기억이 난다.

■ **여의도 개발과 밤섬 폭파**

우리 인생처럼 섬(島)의 운명도 세월에 따라 바뀌는 것인가? 1960년대 후반 당시 김현옥 서울시장이 한강 백사장을 매립하여 신도시를 건설하는 '여의도 개발계획'을 구상하였다. 그때 중앙부처인 건설부(현 국토교통부)는 서울시 계획에 대해 백사장을 매립하여 약 90만 평의 택지를 조성하면 100년에 한 번씩 오는 대홍수에 대비할 수 없다고 제동을 걸었다. 당시 밤섬에는 62가구 443명의 주민이 살고 있었는데 매년 여름 장마가 지면 이들이 고립되었다. 서울시에서는 그때마다 주민들을 구출하여 긴급 대피시키는 일을 반복하고 있었다.

1968년 김현옥 시장은 여의도 개발에 따른 한강물 흐름에 지장을 주는 것을 대신해서 밤섬을 폭파하여 한강물 흐름을 원활하게 하기로 결정했다. 이와 함께 서울시의 재정이 바닥나 여의도 둘레에 제방을 쌓을 돌을 가까이에서 조달하려는 현실적인 이유도 있었다고 한다.

오늘날 우리 모두가 중요시하는 환경보전이라는 측면에서 보면 밤섬을 없애는 것은 많은 논란을 불러일으킬 만한 이슈였지만, 당시에는 개발 우선 시대였다. 이런 연유로 현재의 여의도와 밤섬의 운명은 완전히 뒤바뀌어 여의도는 현대적인 첨단도시가 되었고, 밤섬은 본래 모습마저 완전히 사라진 무인도가 되었다.

■ 오늘날의 밤섬

50년의 세월이 흐르는 동안 밤섬은 무성하게 자란 식물들과 그 숲에 깃들인 새들의 천국으로 변해 있다. 청둥오리, 가마우지, 원앙, 황조롱이, 검둥오리, 해오라기 등 많은 철새와 텃새들의 보금

자리로 장관을 이룬다.

지금은 서울시가 생태관광보전지역으로 지정하여 출입을 금지하고 있어 일반 시민들은 밤섬을 구경하러 들어갈 수가 없다. 밤섬은 전 세계적으로 보기 드문 도심 속 철새도래지로서 생태적 가치를 인정받아 2012년 람사르 습지로 지정되어 보호받고 있다.

여의도 한강시민공원 물빛무대 부근에는 망원경, 쌍안경, 화상 표출기 등을 갖춘 '한강 밤섬 철새 조망대'가 설치되어 있어 밤섬을 조망하며 새들을 보다 가까이 관찰할 수 있다.

갈대숲, 모래, 자갈, 뻘, 나무 등이 어우러진 생명의 보고(寶庫)로 다시 태어난 밤섬은 우리에게 생태·환경 가치의 소중함을 역설적으로 일깨워 주고 있다.

■ 한강 밤섬을 바라보며

일반적으로 고향이라고 하면 태어나서 부모님과 함께 어린 시절을 보낸 곳 정도로 말할 수 있을 것이다. 제2의 고향은 학교 진학을 위해 또는 직장이나 사회생활을 위해 고향을 떠나와 인생의 대부분을 살아온 곳을 일컫는다.

나의 경우는 서울 영등포가 성인 시절 삶의 대부분을 살아온

▲ 오늘날 밤섬(출처 서울연구원) ▼ 옛 밤섬(출처 서울신문)

제2의 고향이며, 내 아이들도 영등포에서 초·중·고등학교를 나와, 영등포를 고향으로 여긴다.

  1993년 처음으로 밤섬 원주민 고향 방문 행사를 기획, 주관하면서 '서울 실향민'이라는 말을 만들었고, 이 말이 상징하는 밤섬 원주민들의 가슴 아픈 사연을 지금도 생생하게 기억하고 있다. 서울에서 태어났거나 또 지금 서울에서 살아가고 있는 우리에게 '서울'이라는 고향이 얼마나 소중한지 밤섬 원주민을 생각하며 되뇌어 본다.

민선 1기 '서울시 바른시정(市政) 기획단'에 참여하다

1995년 민선 지방자치제가 실시되면서 시민들이 직접 선택하는 자신의 정부, 수요자 맞춤형 행정, 사전 예측이 가능한 계획성 있는 행정, 임기가 보장된 민선 시장으로서의 소신행정이 가능하게 되었다. 민선 1기 조순 시장 시절 서울시정(市政) 운영 3개년 계획을 수립하는 '바른시정기획단'에 참여한 것은 배운 소중한 공직 경험이었다.

1995년 7월 1일 취임한 민선 1기 조순 서울시장은 선거운동 기간 동안 단 한 건의 공약도 발표하지 않고 당선된 특이한 이력을 가진 분이다. 심지어 법정 선거운동 기간 중에도 저녁 식사만큼은 반드시 봉천동 자택에서 부인과 함께하며 그날의 선거운동을 마감하였다. 속이 타는 선거대책본부는 자택에서 저녁 식사하는 장면을 촬영하여 TV를 통해 홍보하는 아이디어를 내기도 하였다.

■ 서울시정 운영 3개년 계획 수립 과정

조순 시장은 경제부총리 출신으로 취임 당시 서울시 같은 지방행정에 대해서는 경험이 없는 분이었다. 민선 시장은 관선 시장과는 달리 임기가 보장되기에 3년간의 중기 계획을 수립하여 추진할 수 있는 장점이 있다. 이에 따라 민선 지방자치시대 출범에 걸맞게 새로운 패러다임을 정립하고 사업 아이디어를 발굴하는 '바른시정(市政)기획단'을 출범시켰다. 나는 여기에 발령받아 참여하였는데, 각 분야 전문가들의 의견을 모으고 함께 토론하는 과정을 거치면서 서울시 행정 전반에 대해 폭넓고 심도 있게 배우는 소중한 기회였다.

조순 시장은 3개년 계획 수립의 중요성에 대해 설명하면서 사전에 예산을 균형 있게 편성하여 시정 운영의 일관성을 높이고 합리적으로 집행해야 한다고 강조했다. 그리고 추진할 사업을 확정하여 미리 공개하면 부정부패의 소지도 원천 차단될 것이라고 역설하였다. 이때 수립된 '서울시정(市政) 운영 3개년 계획'은 실행력이 제대로 뒷받침된 서울시 최초의 중기 계획이었다.

여기에는 환경, 교통, 복지, 도시안전 등 7개 분야 500개 사업이 담겼으며, 예산규모는 23조 원이었다. 녹색도시 가꾸기를 위한 '덕수궁길 보행자 중심 녹화거리' 조성, 시내버스와 화물차의 '매연저감장치' 부착 등 '공기 질' 개선사업, 도심 교통량 억제를 위한 '남산터널 혼잡통행료' 도입, 교통사고 또는 화재에 대응한 '응급외상센터' 건립, 민간 다중이용 건축물의 '안전진단보증제' 도입, 무의탁 노인을 위한 '가정 도우미' 1,000명 공채, 결식노인

'도시락 배달사업' 등이 포함되었다.

다만 약 5개월간의 서울시정(市政) 운영 3개년 계획 수립 과정에서 한 가지 아쉬웠던 점은 복지분야 토론 과정에서 나온 공립 어린이집 확충사업이 반영되지 못한 것이었다. 그 무렵 여성들의 사회 진출이 본격적으로 늘어나기 시작하였는데, 당시 어린이 보육시설은 '직장 내 어린이집' 확충에 정책 목표를 두고 있는 상황이었다. 그런데 어린아이와 함께 혼잡한 출퇴근 시간대에 버스나 지하철 같은 대중교통을 이용하는 것이 얼마나 큰 고통이었을까?

이러한 문제점을 해소하는 정책 대안으로 내 집 가까운 곳에 '지역 어린이집'을 확충하는 방안이 집중 검토되었다. 서울시내 초등학교 울타리 안에 '공립 어린이집'을 만들어 서울시가 직접 운영하면 여러 가지 장점이 있었다.

첫째, 초등학교는 가장 안전한 교육 공간이라는 점. 둘째, 어린 아이들에게 간식과 이유식을 제공할 수 있는 시설이 갖춰진 곳이라는 점. 셋째, 빈 교실 등 유휴 공간 활용이 가능하다는 점이다. 무엇보다 초등학교는 지역적으로 골고루 분포되어 있어 접근성도 좋다. 그러니 내 집 가까운 곳에 아이를 맡길 수 있어 매일 대중교통으로 함께 출퇴근하지 않아도 된다는 장점이 있다.

또한 빈 교실을 활용하거나 운동장 일부에 어린이집 시설을 짓는다면 부지매입비가 들지 않으므로 총사업비의 70% 정도를 절감할 수 있다.

서울형 공유어린이집인 영등포구 늘해랑어린이집을 찾은 오세훈 서울시장(출처 서울시)

　당시 계획은 서울시가 각 동(洞)마다 관내 초등학교 1개소에 공립 어린이집을 확충하고 보육교사 채용과 급식시설을 갖추어 운영하는 것으로 4,000억 원 정도의 예산이 드는 사업이었다.

　이 같은 프로젝트를 추진하기 위해 서울시는 서울시 교육청, 지역교육청, 일부 학교장 등 교육 당국과 여러 차례 협의하였으나 논의가 원만하게 진행되지 못했다. 이 과정에서 선거로 뽑힌 일부 의원들이 표를 의식해 부정적인 의견을 피력하는 등 의견 수렴이 되지 않아 결국 조순 시장의 '서울시정 운영 3개년 계획'에는 포함되지 못하고 말았다.

■ '아이 키우기 좋은 도시'가 되려면

오늘날의 저출산 문제, 맞벌이 부부 육아 문제의 근본 원인 중 하나는 바로 '믿고 맡길 수 있는 어린이집'의 부족이라 할 수 있다. 지금으로부터 27년 전인 1995년부터 정부와 지방자치단체가 나서서 지역에 골고루 어린이 보육시설 인프라를 확충했더라면 지금의 저출산 문제와 맞벌이 부부의 고통은 많이 줄어들었을 것이라고 생각한다. 동시에 아이들도 훨씬 안전하고 교육적인 환경에서 자라 나중에 그 초등학교에 입학하였을 것이다.

언론보도에 따르면 서울 성동구는 출산장려대책으로 현금을 주는 출산장려금을 줄이고 대신 그 예산으로 구립 보육시설을 확충하는 정책을 추진하고 있다고 한다. 정책 추진 3년이 지난 지금 서울시 자치구 합계 평균 출산율(가임여성 1명 당 자녀수) 0.642명보다 높은 0.783명으로 25개 자치구 중 성동구의 출산율이 1위라고 한다.

결국 저출산 문제와 맞벌이 부부 육아 문제의 해법은 현금을 나눠 주는 출산장려금 지원도 약간의 도움은 될 수 있지만, 그보다 좀 더 실질적인 도움을 줄 수 있는 정책이 필요하다는 것을 시사한다. 즉 내 집 가까이 아이를 믿고 맡길 수 있는 어린이집을 늘리는 육아 환경 인프라 구축과 함께 '가사돌봄 서비스'와 '육아돌봄 서비스'를 지원하는 것이 더욱 효과적이라 할 수 있다.

그러나 이러한 보육시설 인프라 확충 노력에는 중앙정부와 지방정부 차원의 노력만으로는 분명히 한계가 있다. 수레의 양 바퀴처럼 공공 보육시설과 함께 민간 보육시설에 대한 지원 확대 등 인센티브 제공을 통해 질적·인적 수준을 높여 나가야 한다.

이렇게 되면 내 집 가까운 곳에 언제든지 아이를 맡길 수 있어 출산 후 양육에 대한 부담을 덜어줄 수 있는 '아이 키우기 좋은 도시'가 될 것이다.

과거 관선시대의 행정은 공급자 중심이었으나 1995년 명실상부한 민선 지방자치제가 실시되면서 시민 눈높이에 맞는 수요자 중심의 행정으로 전환되었다. 시민들이 직접 선택하는 자신의 정부, 도움이 꼭 필요한 수요자 맞춤형 행정, 사전 예측이 가능한 계획성 있는 행정, 임기가 보장된 민선 시장으로서의 소신행정이 가능하게 된 것이다. 임명권자의 의중이 아니라 오로지 시민들의 뜻에 따르는 행정 마인드는 민선 1기 조순 시장 시절 서울시정 운영 3개년 계획을 수립하는 '바른시정기획단'에 참여하면서 배운 소중한 공직 경험이었다.

시민의 삶을 살찌우는 문화예술

1990년대 중반 이후 민선 지방자치가 실시되면서 공연장, 박물관, 전시장 등 문화시설들이 대거 건립되었다. 문화시설 건립은 인프라 확충 차원에서 바람직한 면이 있지만, 세대별·분야별로 수요에 맞는 프로그램을 통해 시민들이 문화생활을 향유할 수 있도록 이 시설들을 잘 활용하는 것이 더욱 중요하다.

1995년 5월, 공무원의 첫발을 내디딘 영등포구청에서 3년 근무하고 서울시청으로 발령이 났다. 구청에서 문화공보실장을 해서인지 서울시 문화과에 배치되었다. 문화예술단체 지원, 세종문화회관 지도감독, 서울시립미술관장을 겸직하는 자리였다.

■ 미술과 시민의 만남

서울시립미술관장을 겸직하다 보니 평소 만나기 어려운 유명 예술인들을 접할 수 있는 기회가 많았다. 지금도 그렇지만 일반 시민들이 운보 김기창 화백 등 대한민국 거장들의 작품을 소장한다는 건 쉽지 않은 일이었다. 그래서 생각한 것이 저명 작가들의 작품을 일반 시민들도 소장할 수 있는 기회를 주자는 취지로 '미술과 시민의 만남' 행사를 기획하게 되었다. 그때는 시립미술관이 서소문 경희궁터에 있던 구(舊) 서울고등학교 건물을 전시관으로 사용하고 있었다.

'미술과 시민의 만남' 행사는 당초 기획 의도대로 매우 성공적이었다. 작품은 동양화, 서양화, 서예, 조각, 소조 등 분야별로 다양했다. 출품은 원로 작가, 대한민국예술원 회원들을 비롯한 각 분야에서 우리나라 최고의 예술가들이었다. 운보 김기창 화백, 전뢰진 조각가 등 예술가들에게 취지를 설명하고 협조를 요청하였다. 작품 가격은 시민들의 부담을 고려해 1백만 원 이하로 책정하도록 작가 측에 사전에 양해를 구했는데, 그러다 보니 출품작들은 대부분 소품(小品) 위주였다. 서울시립미술관에서 한 달 동안 열린 이 전시회에 많은 시민들이 찾아 성황을 이루었다.

전시장을 찾은 시민들은 소장하고 싶은 작품이 있으면 작품 하단에 매겨진 가격표를 보고 구매 신청서를 써냈다. 유명 예술인들의 작품을 저렴한 가격에 소장할 수 있는 기회이다 보니 시민들의 경합이 심했다.

작품별로 신청자가 너무 많아 공정하게 처리하지 않을 수 없었다. 투명성 확보를 위해 경찰 입회 하에 추첨으로 주인을 선정하였다. 이후 당첨된 시민이 판매 대금을 입금하면 확인 후에 작품

2005년 옛 대법원을 리모델링하여 이전한 서울시립미술관

을 찾아가도록 했다. 소장하게 된 시민들이 유명 예술가의 작품을 안고 행복한 표정으로 돌아가는 모습은 지켜보는 사람들까지 흐뭇하게 했다. 지금도 그들의 모습이 눈에 선하다.

　이렇게 소기의 목적을 달성하고 난 뒤의 일이었다. 얼마쯤 시간이 지나 개운치 않은 얘기가 들려왔다. 서울시내 화랑업자 내지는 미술품을 전문으로 사고파는 사람들이 지인들을 대거 동원해 작품 구매 신청서를 써넣었다는 것이다.
　이 얘기를 듣고 늦었지만 깨달은 게 있었다. 아무리 선한 의도로 행사를 기획하고 시민을 위한 일을 하더라도 이를 악용하는 사람들이 있다는 걸 말이다. 개인적 이득 앞에 시민들을 위한 선한 행사가 빛을 바래는 일이 일어날 수 있음을 알았다. 사실 목적이나 의도한 방향이 좋은 행사였기에 미처 예상하지 못한 문제였다. 시민들에게 돌아가야 할 작품 중 일부가 그들의 손에 들어갔다고 생각하니 씁쓸한 기분이 들었다.

　세종문화회관 지도감독 업무는 다양한 문화 장르에 대한 견문을 넓힐 수 있는 기회였다. 세종문화회관에는 소속 시립교향악단 등 각종 예술단체가 있고 이들의 공연 계획 수립, 공연 준비를 비롯해 각종 예술작품 전시, 다양한 민간 대관 공연이 상시 열리고 있다. 이때 경험한 뮤지컬, 오케스트라, 국악, 전통춤 등 각종 문화예술 공연을 통해, 일반 시민들에게 문화 향수의 기회를 좀 더

영등포구에 들어설 제2세종문화회관 조감도(출처 서울시)

많이 제공하여 삶의 질을 향상시킬 수 있는 문화행정의 중요성을 깨달았다.

■ 삼청각 리모델링과 대학로 문화지구 지정

2001년 문화국 주무팀장으로 발령받아 문화국 전체 업무를 총괄하면서 문화예술에 대한 식견을 더욱 넓히게 되었다.

1972년 당시 정부는 남북적십자회담 관련 장소로 사용하기 위해 삼청각을 건립하였다. 그런데 이런 역사적인 장소가 세월이 흘러 음식점으로 사용되고 있었다. 2000년대 초 서울시는 이러한 상징적 의미를 살려 삼청각을 매입해 리모델링하여 복합문화시설로 꾸몄다. 즉 한 곳에서 먹고 자고 공연을 관람하는 콘셉트로 설계 디자인하였다. 전통공연시설, 전통음식점, 전통숙박시설이 한 군데 갖춰진 것이다.

이와 함께 〈삼청별곡〉이란 공연 프로그램도 개발하여 선보이는 등 나름 역사적인 장소 보존과 함께 철저하게 우리의 맛과 멋을 경험할 수 있는 한국적인 전통문화의 장이 되도록 했다.

문화 인프라를 확충하는 것 못지않게 중요한 것은 일반 시민들에게 문화공연을 즐길 수 있는 기회를 제공하는 것이다. 소극장

학림(學林)다방에서 김용제 한국공연프로듀서협회장과 대학로 문화지구에 대해 이야기를 나누고 있다.

이 밀집되어 있는 종로구 대학로를 서울시 문화지구 2호로 지정하는 업무를 추진하였는데, 거의 마무리 단계에서 다른 부서로 발령이 나 공식 지정은 내 후임자 때 이루어졌다.

　서울시는 대학로 문화지구를 활성화하기 위해 연극협회와 손잡고 '사랑의 티켓' 프로젝트를 도입하였다. 대학로도 살리고 일반 시민들이 저렴하게 연극을 관람할 수 있도록 하자는 취지였다. 서울시와 연극협회가 공동으로 티켓을 발행하였다. 2만 원짜리 티켓을 시민들에게 절반가격인 1만 원에 판매하여 큰 부담 없이 연극 공연을 볼 수 있게 한 것이다. 부족한 1만 원에 대해서는 서울시 문화예술진흥기금으로 보전해 주는 방식이었다.

　서울시는 이런 프로젝트를 통해 문화를 향수하는 기회를 늘리는 한편, 생활이 어려운 연극인, 대학로 소극장 운영자들을 지원하는 등 대학로 문화지구 활성화를 뒷받침하였다.

　1990년대 중반 이후 민선 지방자치가 실시되면서 공연장, 박물관, 전시장 등 문화시설이 대거 건립되었다. 민선 단체장이 눈에 띄는 치적을 남기기 위해 이용 시민에 대한 정확한 수요 조사 없이 일단 건립하고 보는 경우도 있었다. 그래서 개관 후 이용자가 거의 없어 위탁단체 관리운영비와 인건비만 축내고 있는 공공 문화시설들을 종종 볼 수 있다.

　문화시설 건립은 인프라 확충 차원에서 바람직한 면이 있지만, 세대별·분야별로 수요에 맞는 프로그램을 통해 시민들이 문화생활을 향유할 수 있도록 이 시설들을 잘 활용하는 것이 더욱 중요하다.

예를 들어 최근 세계 무대에서 성공하고 있는 한류(韓流) 문화콘텐츠 분야에 관심과 재능이 있는 젊은 세대에게 상상, 교육, 창작공간을 제공하는 것도 하나의 방안이 될 수 있다고 본다.

문화예술의 특성상 관(官) 주도 사업보다는 저변 지원을 통해 시민과 문화예술인들이 주(主)가 되어 문화예술 활동을 이끌어 가는 문화정책을 펴는 것이 중요하다.

뿐만 아니라 문화예술인들에게 시민을 위한 문화교실·문화공연 등 재능기부에 활발히 참여할 수 있는 기회를 부여하여 풀뿌리 생활문화를 선도해 나가도록 장(場)을 마련해 주는 문화행정이 필요하다고 생각한다.

'서울 청소년 육성 종합계획' 수립

서울이라는 대도시가 가진 다양한 분야의 사회적 자원을 멘토로 활용하여 청소년들에게 직업 체험과 미래 진로 설계 프로그램을 제공하고 있는 하자센터. 지속가능한 일자리 창출을 위해 사회적 기업 등 커뮤니티 비즈니스를 지원하며 청소년 창업의 산실로 설립된 지 20년이 넘는 동안 서울시의 성공적 모델로 발전하고 있는 '하자센터'의 힘찬 도약과 다른 지역으로의 확산을 기대한다.

1999년 10월 인천의 한 호프집에서 화재가 발생하여 10대 청소년 등 56명이 사망하고 연기에 질식하거나 화상 등으로 71명이 부상당하는 사고가 있었다.

엄청난 충격을 안겨 준 이날 사고는 청소년들이 방과 후에 마땅히 갈 만한 곳이 없다는 현실을 우리 사회에 알려 주었으며, 이들을 위한 대책 마련이 시급하다는 메시지를 던져 주었다.

이 사건을 계기로 서울시에서는 청소년들이 건전하게 여가와 취미 활동을 할 수 있는 인프라와 프로그램 확충 방안을 다각도로 검토하게 되었다. 나는 당시 체육청소년과 주무팀장으로서 '서울 청소년 육성 종합계획'을 수립하였다.

여기에 담긴 주요 실천 내용은 다음과 같다.

명동 유네스코 건물 일부를 임차하여 청소년 여가 활동 공간을 조성하고, 용산 남영역 부근에 시립 청소년 미디어센터를 개설하는 한편, 예비군 훈련장을 활용한 청소년 서바이벌 게임장을 만들어 개장하기도 했다.

또한 서울시가 운영하는 서울대공원 내 숲 공간을 활용한 청소년 캠핑장을 만들기도 하면서, 시내 곳곳에 있는 청소년 수련관의 프로그램도 시대 변화와 청소년들의 수요를 반영하여 다양하고 재미있게 꾸미도록 하였다.

이 같은 적극적인 청소년 육성 계획은 비행청소년 보호 위주의 소극적인 기존 청소년 정책을 반성하면서, 건강한 레저활동과 창의적인 공간을 조성하여 방과 후에 마땅히 갈 곳 없는 청소년들을 제도권 내로 유입하는 방안이었다.

■ 청소년 미래 진로를 지원하는 영등포 당산동 '하자센터'

2000년 체육청소년과 주무팀장으로 발령받았을 때는 연세대 조한혜정 교수의 제안으로 서울시가 설립한 '하자센터(Haja center)'가 막 출범한 초창기였다. 내가 직접 담당하지는 않았지만 영등포구청에 근무할 때 당산동 한양아파트에 살았던 터라 새로 출범한 하자센터에 관심을 갖게 되었다. 체육청소년과 근무 시절을 포함

영등포 당산동에 있는 '하자센터'(출처 하자센터)

해 다른 부서로 발령난 이후에도 수시로 하자센터를 찾아 청소년들과 대화하며 성장해 나가는 모습을 지켜보았다.

하자센터는 연세대학교가 서울시로부터 위탁받아 운영하였는데, 정식 명칭은 '서울시립 청소년 직업체험센터(지금은 서울시립 청소년 미래진로센터)'였다. 1999년 12월 IMF 경제위기 상황 속에서 청소년 건전 육성과 미래 진로 문제를 준비하고 해결하는 하나의 모델로 만든 것이었다. '하자센터'의 '하자'라는 뜻은 '하고 싶은 것도 하지만 해야 하는 것도 하자'라는 것이다.

'하자센터'는 10대 청소년들을 대상으로 각자의 특기와 적성에 맞는 분야를 찾아 스스로 공부하고 현장을 체험하는 대안교육 방식으로 운영되었다.

예를 들어 영화에 관심이 있는 청소년이라면 스스로 영화에 대한 지식과 정보를 찾아보고 영화감독, 배우, 시나리오 작가, 촬영감독 등 멘토를 소개받아 현장에서 질문하고 체험하며 직접 배우는 교육 방식이었다. 대부분의 학습활동은 청소년 스스로 계획하고 실행하도록 했는데, 자기가 희망하는 멘토를 소개받기 어려운 경우에는 하자센터 스태프들에게 도움을 요청할 수 있었다.

다만 한 가지 청소년들에게 의무적으로 하도록 한 것이 있었는데, 컴퓨터 사용법을 익혀서 자기 인터넷 홈페이지를 만들고 일기 쓰듯 매일매일 활동 상황을 기록하도록 한 점이다. 컴퓨터 사용 능력은 앞으로 인터넷을 기반으로 한 지식정보화사회에 뒤처

지지 않기 위해 청소년들에게 반드시 필요한 역량이기 때문이다. 그리고 관심 분야에 대해 어느 정도 기초를 익힌 후에는 스스로 하고 싶은 프로젝트를 정해 처음부터 끝까지 실행해 보도록 했다.

또한 이곳에서는 실내 금연 등 행동 규칙을 청소년들 스스로 정해서 실천하도록 했는데, 어느 누구도 이를 어기지 않고 잘 지켰던 것으로 기억한다. 하자센터에서 24시간 먹고 자며 자신의 프로젝트에 열정을 다하는 청소년들은 '죽돌이'라고 불렸고, 이들을 뒤에서 격려하고 지원해 주는 센터 스태프들은 '판돌이'라고 불렸다. 나이 등에 따른 차별을 없애기 위해 스태프와 청소년들 모두 본명과 직책 대신 별명(조한, 김군, 스텔라, 크리스탈 등)을 불렀는데, 이 또한 친근감을 높이고 자유롭고 평등한 생활문화를 만드는 데 큰 도움이 되었다.

여기서 하자센터 스낵코너 운영 프로젝트 체험교육을 소개하겠다. 하자센터는 구내식당 역할을 하는 스낵코너를 맡아 운영할 청소년을 공모하여 인터뷰 절차를 거쳐 네 명을 선발하고 자본금 500만 원을 지원했다. 이 프로젝트는 스낵코너 운영 계획 수립부터 영업, 정산까지 모든 것을 스스로 하도록 했다. 스낵코너 대표와 주방장, 홀서빙, 계산대 캐셔, 설거지 등의 역할도 자율적으로 정하고, 식탁 등 기자재 구입, 메뉴 선정, 식재료 구입, 음식값 결정, 운영시간 등도 스스로 정하도록 했다.

그러자 이들은 설문조사를 통해 메뉴를 정하고 그 메뉴를 가장

사회적 기업으로 성장한 '노리단'(출처 하자센터)

맛있게 하는 맛집을 찾아가 배우는 한편, 신선하고 값싼 식재료를 어디서 구입하는지, 음식값을 얼마로 해야 할지를 스스로 정하는 책임 운영을 하였다. 인기가 없는 메뉴는 없애고 새롭게 뜨는 메뉴를 추가하기도 하면서, 수익을 올리기 위해 인근 기업체나 빌딩 사무실을 찾아가서 단체주문을 받는 등 영업활동 경험을 하기도 했다.

자율적인 책임 운영을 하는 과정에서 멤버들 간의 의견 충돌이 있기도 했다. 운영 결과 발생한 수익을 배분할 때 책임자인 사장은 자기가 더 받아야 한다고 주장한 반면, 나머지 멤버들은 공평하게 1/n로 나누자고 했다. 결국 의견 일치를 보지 못한 멤버들은 스태프를 찾아와 함께 토론하기도 했다. 이러한 토론 과정을 거치면서 멤버들은 상대방의 입장을 이해하고 해결책을 찾아가는 경험을 할 수 있었다.

이런 과정에서 청소년들은 자신들의 문제를 스스로 해결하고 대안을 찾아 나가는 진정한 의미의 자생력을 키우는 산교육을 받게 된다. 이렇게 몇 개의 프로젝트를 처음부터 끝까지 해 본 청소년들은 사회에 나가서도 당당하게 자기 앞길을 개척해 나갈 수 있는 역량을 키웠을 것이다.

이 하자센터를 거쳐 성장, 발전한 청소년들은 이후 청소년 창업까지 나아갔다. 대표적인 사회적 기업으로 성장한 '노리단'이 그 예다. 노리단은 건축 현장의 폐자재를 활용하여 창의적인 친환경

악기를 만들었다. 그리고 작은 악단을 조직하여 회사 창립기념일 같은 각종 행사에 출연하여 꽤 많은 수입을 창출하는 사회적 기업으로 성장하였다.

당초 서울시 계획은 이러한 하자센터의 성공적인 모델을 서울시내 각 자치구와 전국 지방자치단체에 확산시킬 계획이었는데, 결국 몇 곳만 추가로 설립되었다는 얘기를 듣고 아쉬움이 컸다.

서울이라는 대도시가 가진 다양한 분야의 사회적 자원들을 멘토로 활용하여 청소년들에게 직업체험과 함께 미래 진로 설계 프로그램을 제공하고 있는 하자센터. 관심 분야 프로젝트에 대해 청소년 스스로 계획하고 도전하는 과정에서 어려움에 봉착할 경우 스태프들과 함께 토론하면서 문제 해결책을 찾도록 하는 교육 방식의 하자센터. 청소년들에게 지속가능한 일자리를 창출하기 위해 사회적 기업 등 커뮤니티 비즈니스를 지원하고 있는 하자센터.

청소년들의 미래 진로 모색과 직업체험, 청소년 창업의 산실로 설립된 지 20년이 넘는 기간 동안 서울시의 성공적인 모델로 발전하고 있는 '하자센터'의 힘찬 도약과 다른 지역으로의 확산을 기대해 본다.

2002년 FIFA 한일 월드컵대회의 감동

우리나라 대표팀의 월드컵 4강 신화와 길거리 응원이라는 새로운 문화를 탄생시킨 2002년 FIFA 한일 월드컵대회. 그 준비 과정에서 배운 소중한 행정 경험과 교훈은 공직 생활에 크게 도움이 되었고, 우리나라의 우수한 문화와 수준 높은 축구 실력을 전 세계에 알린 월드컵대회의 성공에 조금이나마 기여한 일은 30년 공직 생활에서 가슴 벅찬 감동으로 남아 있다.

2001년 7월, 문화·체육·관광분야 업무를 관장하는 서울시 문화관광국 주무팀장으로 발령받았다. 당시 서울시의 많은 부서들은 2002년 월드컵대회를 지원하기 위해 각자 맡은 분야에서 최선을 다하고 있었다. 그중에서도 문화관광국은 월드컵대회 총괄담당부서로서 눈코 뜰 새 없이 바쁘게 돌아가고 있었다.

서울시의 월드컵대회 관련 주요 업무는 크게 두 가지로 요약할 수 있는데, 개막식이 열리는 상암 월드컵 경기장 건설(경기장 건설 업무는 행정2부시장 산하 월드컵 경기장 건설추진단)과 해외 관광객 등 손님맞이 준비를 하는 것이었다.

2002 FIFA 한일 월드컵대회는 아시아 대륙에서 열린 첫 번째 대회로 예선을 통과한 32개국이 본선에 참가하여 2002년 5월 31일부터 6월 30일까지 한 달 간 열렸다. 정식 대회 명칭은 '2002 FIFA WORLD CUP KOREA/JAPAN.' 한일 양국이 공동 개최한 이 대회는 유치 단계부터 양국이 치열하게 경쟁하는 구도였다.

FIFA가 2002년 월드컵대회를 아시아 대륙에서 개최한다고 발표하자, 일본은 1991년부터 유치위원회를 발족하여 앞서 나간 반면, 우리나라는 1994년 뒤늦게 유치전에 뛰어들었다. 우리나라는 세계 각국에 특사를 파견하여 '월드컵 본선에 한 번도 나가본 적이 없는 일본(日本)이 과연 월드컵을 개최할 자격이나 있는가?'라는 명분과 논리로 설득 작전을 폈고, 이러한 노력을 바탕으로 유치전 초반의 열세를 만회하고 일본을 맹렬히 따라잡았다.

상황이 급변하자 FIFA가 중재에 나서 역사상 처음으로 두 나라가 공동 개최하는 것으로 타결지었다. 공동 개최로 결정되자 우리나라는 축제 분위기였으나 일본은 대회 절반을 우리나라에 내주게 되어 사실상 패배했다는 분위기가 팽배하였다. 그때까지 일본은 단독 개최를 확신하고 이미 10개 경기장 후보지를 정해 놓고 그중 상당수는 공사를 착공한 상태였기 때문이다.

우리나라와 일본의 경쟁은 결승전 유치와 대회 명칭 결정 문제에서도 계속되었다. 결국 FIFA 중재 하에 일본이 결승전 경기를 가져가는 대신, 우리나라는 대회 명칭에 있어서 KOREA를 JAPAN보다 앞에 표기하는 것을 선택하였다. 즉 일본은 전 세계인의 이목이

집중되는 결승전 유치라는 실리를 선택한 반면, 우리나라는 어떠한 경우에도 일본 뒤에 설 수 없다는 명분을 중시하여 공식 대회 명칭을 '2002 FIFA WORLD CUP KOREA/JAPAN'으로 하는 것을 선택한 것이다. 실리와 명분 중 어느 것을 더 중시하는지 양국 국민의 정서를 살짝 엿볼 수 있는 장면이라 하겠다.

■ 상암 월드컵 경기장 건설과 손님맞이 대책

치열한 유치전 끝에 대회 개최가 확정되자 서울시는 내부적으로 월드컵 성공 개최를 위한 정보와 자료 수집에 들어갔다. 바로 직전 월드컵대회를 치른 프랑스 파리에 주재하고 있는 서울시 공무원을 통해 경기장 건설, 손님맞이 대책 등 대회 준비에 필요한 사항들을 파악해서 보고하도록 했다. 이때 보고 내용 중 다음 몇 가지는 많은 도움이 되었다.

첫 번째는 프랑스 월드컵 개막 경기장에 설치한 대형 스크린 전광판에 관한 것이다. 지금은 흔해졌지만 당시만 해도 야외에 설치된 대형 전광판이 대낮에 선명도가 떨어져 희미하게 보이는 문제가 있었다. 프랑스 정부는 국제 공모를 통해 대낮에도 화면이 선명하게 보이는 전광판을 제안받았는데 우리나라 기업이 이를 낙찰받았다고 한다. 이 새로운 전광판은 나중에 광화문 네거리 주변의 언론사 전광판에 적용되어 2002년 월드컵 당시 그 유명한 길거리 응원을 가능하게 하는 데 기여했다.

두 번째는 프랑스가 월드컵 메인 스타디움을 건설할 때 관중석 스탠드 아래 공간을 활용할 수 있도록 설계 단계에서부터 미리 반영한 점이다. 이 공간을 대회 개최 이후에 입찰을 통해 민간에 임대하여 각종 상업용 수익사업을 할 수 있도록 설계한 것이다. 많은 나라들은 대규모 국제 스포츠 대회 이후 매년 들어가는 경기장 유지관리비 부담 때문에 전전긍긍하는 경우가 대부분이다. 미국 애틀랜타 올림픽의 경우도 미식축구 경기장을 개조하여 개막식 행사를 치른 다음 원상 복구해 본래 용도로 활용하였고, 나머지 일부 경기장들도 대회 종료 후 철거한 바 있다.

프랑스 사례를 벤치마킹한 서울시는 이를 상암 월드컵 경기장 설계에 반영하였다. 대회 이후 경기장 스탠드 아래 입점한 거대한 상업시설(대형 할인매장, 복합영화관, 수영장, 헬스장 등 스포츠센터, 편의점)을 민간에 임대하여 여기서 나오는 수익금으로 매년 100~200억 원이 소요되는 유지관리비를 충당하고도 남아 흑자를 내고 있다고 한다. 이러한 행정 사례는 만성 적자에 시달리고 있는 당시에 건축한 우리나라 지방 경기장의 현실과 극명하게 대비된다.

상암 월드컵 경기장 건설과 관련한 뒷이야기를 좀 더 소개한다.

한일 공동 개최가 결정되자 대한축구협회는 일본이 10개의 경기장을 짓고 있다는 명분을 들어 우리나라도 똑같이 10개를 지어야 한다고 정부에 주장하여 이를 관철시켰다. 우리 정부는 대회

상암동 월드컵 경기장(출처 서울연구원)

개최를 희망하는 전국의 도시로부터 경기장 유치 신청을 받았다. 이때 서울시는 처음에 개최 도시 신청을 하지 않았다. IMF 직후여서 서울시 재정 여건이 어려운 상황이었고, 일본의 경우도 도쿄가 아니라 인근에 있는 요코하마에서 결승전을 치른다는 두 가지 명분을 들어 신청을 하지 않았던 것이다.

그러나 정부와 국민 대다수는 당연히 서울에서 개막식을 개최해야 한다고 생각하고 있었다. 당시 중앙정부의 입장은 서울시는 재정자립도가 지방 도시보다 높다는 점을 들어 정부보조금 없이 서울시 자체예산으로 건립하도록 계속 종용하고 있는 상태였다. 하지만 서울시는 내부적으로 조용히 월드컵 경기장 후보지 검토와 대회 준비에 필요한 자료를 수집할 뿐, 대외적으로 유치 신청을 하지 않는 스탠스를 유지하고 있었다.

월드컵 개막일은 점점 다가오는데 개막식 경기장을 어디에 지을지 표류하면서 이제는 개막식 일정에 맞춰 경기장을 건설하는 데 필요한 절대 공사기간이 부족한 상황이 되었다. 이러한 상황을 보다 못한 거스 히딩크 국가대표팀 감독은 언론 인터뷰를 통해 우리나라의 준비 부족 실태를 꼬집으며 월드컵 개최 의지가 있는지 의심스럽다는 의사를 피력하기도 하였다. 그러자 비상이 걸린 정부는 경기장 건립 비용으로 정부, 서울시, 축구협회가 각각 1/3씩 분담하는 조건으로 서울시와 합의하였다.

당초 월드컵 경기장 후보지는 잠실 올림픽 주경기장을 리모델링하는 방안과 뚝섬 또는 난지도 옆 상암동에 경기장을 신축하는 방안이 검토되었다. 당시 고건 시장은 난지도 쓰레기 매립장 옆 상암동에 경기장을 건설하면 환경의 가치, 환경 회복의 메시지를 전 세계에 알릴 수 있는 좋은 기회라고 판단하고 정부와 협의하여 상암동으로 부지를 확정했다.

 서울시는 상암 경기장을 대회 후 활용도가 높은 종합운동장으로 건립하는 방안을 선호했다. 그러나 대한축구협회가 축구 전용구장 건립을 강력하게 요구하여 오늘날과 같이 축구 전용구장으로 결정되었다.
 경기장 건립과 관련한 여러 가지 이견을 조율하는 와중에도 시간은 흘러 경기장 건설에 소요되는 절대적인 공사기간이 부족할 지경에 이르렀다. 그러자 서울시는 경기장 설계와 시공을 한꺼번에 맡기는 턴키 방식으로 시공업체 입찰을 추진하면서 개막식 일정에 차질이 없게 반드시 기한 내에 완공하는 방안을 제시할 것을 조건으로 내걸었다.
 공개 모집 결과 전통 방패연 모양의 아름다운 디자인과 공사기간을 단축할 수 있는 혁신적 아이디어를 제시한 S엔지니어링 측이 시공사로 선정되었다. S엔지니어링 측이 제시한 공기 단축 아이디어는 아이들이 즐겨하는 블록쌓기 놀이에서 따왔다고 한다. 경기장 스탠드를 포함한 주요 구조물들을 레고블록처럼 표준화하여 외부 다른 지역에서 동시에 만든 다음 이를 싣고 와서 차곡 차곡 쌓은 다음 블록 상하와 좌우를 조인트로 연결, 일체화시켜 조립하는 방식이었다. 이렇게 함으로써 공사기간을 대폭 줄일 수 있어 월드컵 개막식 일정에 맞출 수 있었던 것이다.

나중에 히딩크 감독은 하루가 다르게 올라가는 경기장 건설 속도를 보고 한국인의 능력에 크게 감탄했다고 한다. 또 상암 월드컵 경기장 건립을 추진하는 동안 그 주변에 있던 석유비축기지 탱크는 대회 안전을 위협하는 요인이어서 외곽 지역으로 이전시키기도 했다.

난지도 쓰레기산 두 곳에서 발생하는 침출수와 메탄가스 등 악취 문제도 있었는데, 이는 가스 포집 및 발전 설비와 침출수 정화 처리시설을 늘려 해결했다.

인천공항에서 서울로 들어오는 길목에 위치한 난지도 쓰레기산은 외부에서 흙을 반입하여 성토(盛土)하고, 산 정상에는 제주도에서 가져온 억새를 심고, 자유로 대로변에는 메타세쿼이아를 심어 가리기도 하였다.

월드컵대회 준비 과정에서 소홀히 할 수 없는 또 하나의 중요한 업무는 해외 관광객 등 손님맞이용 관광, 숙박 대책을 수립하는 것이었다. 서울시는 인천공항에서부터 경기장과 시내 중심지까지 교통표지판에 외국어를 병기하고 택시기사들에게 외국어 교육을 실시하였다. 음식점과 쇼핑센터, 택시 등의 바가지요금을 없애기 위해 외국인 전용 전화번호를 운영하기도 했다.

숙박업소 부족에 대비하여 중저가 숙박시설 300여 개소를 'World Inn'으로 지정하여 내외부 인테리어 개선을 지원하고 통합 예약 시스템을 구축하기도 했다. 대회기간 중 우리나라를 찾는 수많은 관광객을 위해 남대문시장, 동대문시장, 백화점 등에서는 그랜드세일 행사를 열기도 했다.

또 하나 주목할 사항은 화장실 문화 개선운동이다. 오늘날 우리나라의 화장실 인프라와 이용문화가 세계 최고 수준에 이르게 된 시발점이 바로 월드컵 때였다. 쾌적한 화장실 시설 확충과 청결한 이용문화 실천, 일반 시민 등 공공에게 무료 개방하는 등의 우수 사례를 발굴하고 언론을 통해 대대적으로 홍보함으로써 공공시설뿐만 아니라 민간시설의 화장실 수준도 획기적으로 개선되었다.

■ 감동적인 월드컵대회 개막식과 길거리 응원

이러한 준비 과정을 거쳐 2002년 5월 31일 상암 월드컵 경기장에서 대회 시작을 알리는 개막식 행사가 열렸고, 이를 현장에서 직접 관람하였다. 전 세계에 생중계되는 개막식 행사는 관중들의 뜨거운 함성 속에 장엄하고도 감동적인 장면을 연출하였다. 우리나라의 유구한 역사, 우수한 전통문화, 그리고 수준 높은 첨단 IT 산업 이미지가 조화를 이룬 개막 공연은 월드컵대회의 하이라이트 중 하나였다.

그러나 경기장 현장 상황실에 배치된 서울시 간부와 직원들은 개막식 행사를 지켜보기보다는 혹시 발생할지 모르는 돌발 상황, 비상 상황에 대비하여 긴장감 속에 각자의 역할에 충실하였고, 다행히 아무 사고 없이 개막식 행사를 마쳤다.

이어서 6월 4일 폴란드와의 경기를 시작으로 우리나라 축구 국가대표팀이 유럽의 강호들을 차례로 꺾고 승승장구하는 한 달 동안 시민들은 시청앞 광장과 광화문 네거리에서 자발적인 길거리 응원을 펼쳐 국내외에 커다란 화제를 불러일으켰다.

2002년 6월 한 달 동안 대한민국은 그야말로 붉은색 물결로 뒤덮였다. 길거리 응원은 정부나 서울시가 처음부터 기획한 것이 아니라 붉은악마 응원단과 민간분야의 첨단 인프라 시설이 결합된 자연발생적인 것이었다. 밝은 대낮에도 선명하게 보이는 언론사 대형 전광판이 광화문 네거리 곳곳에 있었던 것이 대규모 길거리 응원을 가능하게 했다. 또한 시청앞 광장에는 민간 통신회사의 지원을 받아 응원무대와 대형 스크린 전광판이 설치되었고, 높다란 크레인에 스피커를 달아 분위기를 고조시켰다.

우리나라 경기가 열리는 날은 오후 3시 반 또는 저녁 8시 반에 경기가 시작되는데도 오전 일찍부터 시청앞 광장은 'Be the Reds' 라는 문구가 새겨진 붉은색 티셔츠를 입은 시민들로 발 디딜 틈이 없었다. 붉은악마 응원단장이 앞에 서서 목이 터져라 선창을 하면 시민 모두 하나가 되어 "대~한민국! 짝짝짝! 짝! 짝!!" 하고

2002 월드컵 거리응원전(출처 국가기록원)

외쳐댔다. 국가대표팀이 골을 넣거나 먹을 때마다 일희일비하면서 '오 필승 코리아'를 심장이 터지도록 함께 열창하였다.

우리나라 대표팀이 경기를 이기고 나면 거리의 모든 시민들은 서로 하이파이브를 하며 "결승 갑니다!" 하고 외쳤다. CNN을 비롯한 전 세계 주요 언론사들은 우리나라 길거리 응원의 엄청난 모습과 새로운 응원문화 탄생을 앞다퉈 보도하면서 세계적인 화젯거리가 되기도 하였다.

2002 월드컵대회 때 탄생한 길거리 응원은 우리 국민의 수준을 한층 높이는 계기가 되었다. 우리 민족의 의식 속에 DNA처럼 내재되어 있는 '하면 된다'는 자신감과 함께 '하나로 뭉치면 못해 낼 것이 없다'는 긍정의 에너지를 확인하는 현장이었다. 또한 길거리 응원이 끝난 후에는 시민들 스스로 쓰레기봉투를 들고 광장과 거리를 깨끗하게 청소하는 성숙한 시민의식을 보여 주기도 하였다.

우리나라 축구 국가대표팀은 홈팀의 상징인 흰색보다는 붉은색 경기복을 더 선호했고, 붉은악마 응원단의 상징색도 붉은색이었다. 때마침 'Be the Reds'라는 구호가 새겨진 붉은색 티셔츠가 시장에 출시되면서 광장을 가득 메운 시민들이 이를 입고 길거리 응원에 참여해 붉은 물결을 이뤘다. 그리하여 이전까지 우리 사회의 색깔 논쟁의 중심에 있었던 '붉은색'에 대한 편견이 사라졌다. 이제는 붉은색 하면 누구나 국가대표팀의 상징색 또는 2002년

'꿈은 이루어진다!'(출처 연합뉴스)

길거리 응원을 떠올릴 정도로 완전히 '레드 콤플렉스(red complex)'를 극복하는 전환점이 되었다.

우리나라 대표팀의 월드컵 4강 신화와 길거리 응원이라는 새로운 문화를 탄생시킨 2002년 월드컵대회 준비 과정에 참여하여 직간접적으로 배운 소중한 행정 경험과 교훈은 공직 생활을 하는 내내 크게 도움이 되었다. 우리의 우수한 문화와 수준 높은 축구 실력을 전 세계에 알린 2002 FIFA 한일 월드컵대회의 성공에 조금이나마 기여한 일은 30년 공직 생활 중 가슴 벅찬 감동으로 남아 있다.

다음은 교훈으로 짚어 볼 대목이다. 올림픽, 월드컵 등 각종 세계대회 개최 이후 막대한 예산을 들여 건립한 시설을 유지관리하는 데 드는 사후 비용 문제다. 공직자는 오직 성공적 개최에만 매몰되어서는 안 된다는 얘기다. 대회 이후 유지관리에 들어가는 사후 비용에 대해서도 계획 단계에서부터 치밀하게 따져 대비해야 한다는 것이다. 가까운 평창 동계올림픽이나 월드컵 때 지은 지방 경기장의 경우를 보면 알 수 있다. 이런 문제까지 빈틈없이 미리 검토하고 판단하는 것이 공무원의 몫, 책무임을 잊어서는 안 될 것이다.

서울시 버스체계 개편 이야기

서울시는 시민들의 대중교통 이용 불편을 획기적으로 개선하기 위해 외곽에서 시내 중심지까지 빠르고 편리하고 저렴한 요금으로 도착하는 것을 정책 목표로 삼았다. 서울시장 비서실 정책비서관으로 일하며 버스체계 개편 추진 과정에서 얻은 교훈은 공직 생활 내내 커다란 자양분이 되었다.

오늘날 대도시 생활에서 필수적인 인프라 중 하나는 대중교통 수단이다. 그중에서도 버스나 지하철 같은 대중교통은 서민들이 가장 많이 이용하는 교통 복지 시설이다.

그렇다면 대중교통의 임무는 무엇인가? 서울과 수도권에 거주하는 천만 명 이상의 시민을 매일 아침 출퇴근 시간에 집에서 직장으로 옮겨 놓아야 하고, 저녁 시간에 다시 직장에서 집으로 이동시켜 놓아야 한다. 이 같은 일은 다음 날, 그 다음 날도 어김없이 반복된다.

관선이든 민선이든 간에 서울시장으로 취임하면 맨 먼저 시정(市政)에 대한 업무보고를 받는다. 실국별로 돌아가며 받는 업무보고 중 첫 번째 순서는 단연 교통분야다. 왜냐하면 시민들의 민원 중 가장 많은 것이 대중교통 불편 사항이기 때문이다. 교통실 직원들이 고민하는 것은 매일 인천이나 분당, 일산 등 수도권 도시와 서울 외곽에서 도심으로 유입되는 출퇴근 인구를 대중교통을 이용해 빠르고 안전하게 이동시키는 것이었다. 동맥경화같이 길에서 정체되어 있는 시간을 최소화하고 물 흐르는 듯한 교통체계를 갖추는 것이다.

문제는 집에서 서울 도심에 있는 직장까지 빙빙 돌아서 가는 노선으로 인해 길에서 많은 시간을 허비해야 한다는 점이다. 거기다가 버스와 지하철 등 여러 교통수단을 갈아탈 때마다 매번 기본요금을 내는 것에 대한 경제적 부담도 만만치 않았다.

누구나 이러한 문제점을 개선해야 한다는 필요성을 인식하고 있으면서도 막상 교통체계 전체를 뜯어고치는 시도에는 부담을 느낄 수밖에 없다. 만약 새로운 교통 시스템을 도입하는 개혁을 추진하다가 잘못되기라도 하면 기존 시스템으로 되돌릴 수도 없는 진퇴양난에 빠지게 되고, 이에 따라 천만 명 이상의 수도권 시민들은 엄청난 혼란에 빠지게 될 것이기 때문이다.

그래서 종래의 교통실에서는 근본적인 개혁 대신 버스노선 연장, 운행버스 증차, 신규 노선 면허, 가로변 버스차로 같은 대중적인 개선책 위주로 시민 불편 해소에 노력하고 있었다.

■ 버스가 멈추고 난 뒤에 고칠까요?

그러다가 서민의 발인 서울시 대중교통 버스체계에 일대 혁명이 일어나게 된다. 민간에서 불도저라고 불리던 이명박 시장이 취임한 것이다. 이 시장의 공약 1호는 청계천 복원사업 추진이었다. 청계 고가도로와 그 아래 복개도로를 뜯어내고 맑은 물이 흐르는 도심 속 하천을 복원하는 사업으로, 개발의 시대에서 환경 친화적인 시대로의 트렌드 전환을 알리는 첫 번째 상징 사업이었다. 이를 위해 취임 초기부터 서울시의 행정력을 집중하여 열정적으로 추진하고 있었다.

이런 상황에서 이 시장은 서울 외곽에서 출근을 위해 이른 아침 집을 나서는 시민들의 불편을 덜어줄 대중교통 혁명을 구상하게 된다. 시민들이 생업에 종사하기 위해 직장까지 가는 데 시간이 너무 많이 걸리고, 버스나 지하철을 갈아탈 때마다 기본요금을 꼬박꼬박 내야 하니 교통요금 부담도 만만치 않겠다고 생각했다. 결론은 복잡한 대도시 교통문제도 해결하고 시민들의 부담을 덜어줄 수 있는, 이 세상에 없는 새로운 버스운행 시스템을 개발할 필요가 있다는 것이다.

그러자 서울시 간부를 비롯한 내부 직원들은 버스체계 개편에 따른 위험 부담에 대해 갑론을박하며 주저하는 상황이 전개되었다.

모든 개혁과 혁신에는 초기에 저항과 반대가 따른다. 하물며 리스크가 너무 큰 버스체계 개편이라니! 지금까지 한 번도 근본적인 개혁을 시도해 본 적이 없고 역대 어느 시장도 엄두를 내지 못한 파격적인 개혁 구상이었다.

이 시장은 서울시 간부들을 모아 놓고 버스체계 개편을 추진할지 여부에 대해 수차례 검토 회의를 열었다고 한다. 현재의 현황이 어떠하고, 문제점과 해결방안이 무엇이며 추진 과정에서 예상되는 리스크가 뭔지에 대해 여러 가지 의견과 토론이 있은 후, 이 시장은 다음과 같이 간부들을 설득하여 결론을 내렸다고 한다.

시장 : 지금 서울 시내버스 운행 속도는 몇 킬로미터입니까?

교통실 간부 : 대략 시속 30킬로미터 정도 됩니다.

시장 : 그럼 10년 전에는 몇 킬로미터였을까요?

교통실 간부 : 아마도 50~60킬로미터는 되었겠지요.

시장 : 그럼 앞으로 10년 뒤에는 버스 운행 속도가 얼마나 될 것 같습니까?

교통실 간부 : 지금 추세대로라면 한 10킬로미터나 될까요?

시장 : 시속 10킬로미터 미만이면 사람이 걷는 속도와 비슷해집니다. 그러면 버스가 멈춰서고 난 뒤에 고칠까요? 버스는 대도시 시민 생활에서 가장 중요한 교통 인프라입니다. 아무리 리스크가 큰 사업이라 해도 시민을 위해, 서울이라는 도시의 미래를 위해 언젠가 반드시 해야 할 일이라면, 누군가에게 미루지 말고 뒤로 넘기지 말고 지금 합시다.

이 시장의 업무 추진 스타일을 밖에서는 불도저라고 하지만, 나는 이 표현이 반(半) 정도만 맞다고 생각한다. 시장 비서실 정책비서관으로 일하면서 가까이에서 본 이 시장은 미래를 내다보는 과감한 개혁 마인드와 함께 일 추진 과정에서 활발한 소통과 토론을 통해 이해와 설득의 공감대 형성 과정을 거쳐 추진하는 스타일이다. 조직 내부의 치열한 토론을 통해 서울시가 이 일을 왜 해야 하는지, 왜 지금 해야 하는지, 시민들 삶의 어떤 부분이 좋아지는지 등에 대해 먼저 직원들을 설득하고 납득시킨 후 업무를 추진한다.

■ 빠르고, 편리하고, 저렴하게

서울시는 시민들의 대중교통 이용 불편을 획기적으로 개선하기 위해 서울 외곽 시민들이 빠르고 편리하고 저렴한 교통요금으로 시내 중심지까지 도착하는 것을 정책 목표로 삼았다. 즉 변두리 아파트 밀집지역을 빙빙 돌아 운행하는 버스노선을 직선화하고, 주요 간선도로에 버스중앙차로제를 도입하여 외곽에서 도심지까지 약 40분 만에 도착하는 것을 목표로 삼았다.

또한 마을버스, 일반버스, 지하철에 환승무료시스템을 도입하여 시민들이 스스로 최단거리를 찾아 이용할 수 있게 편리성을 강화하고자 했다. 그리고 신교통카드시스템을 개발하여 교통칩이 내장된 신용카드나 T-money 카드 한 장으로 개인이 이용한 거리에 비례하여 합리적으로 요금을 내도록 했다. 예전에 마을버스,

일반버스, 지하철을 탈 때마다 각각 기본요금을 내던 것을 개선하여 시민들의 교통요금 부담을 줄이도록 설계한 것이다.

이러한 혁신적인 버스체계 개편 방안을 실행하기 위해서는 해결해야 할 몇 가지 선결과제가 있었다. 우선 버스회사가 가지고 있던 ① 버스노선 조정권을 서울시로 회수하고 ② 버스회사의 운송 수입금을 공동관리하는 것으로 변경하는 것이었다. 서울시가 각 버스회사별로 독점적으로 인허가해 준 버스노선 면허를 민간 버스회사로부터 다시 서울시가 조정권을 회수해 와야 노선 직선화가 가능했다.

또한 버스회사가 수입을 늘리기 위해 무리한 앞지르기를 하는 등 경쟁이 심하다 보니 이를 개선할 필요성이 컸다. 민간 버스회사의 수익금을 전체 수입으로 공동관리해야만 자연스럽게 버스회사 간 경쟁이 사라지고 교통사고와 시민 불편이 줄어들기 때문이다.

서울시는 민간 버스회사들에게 시민을 위한 버스체계 개편 취지를 설명하고 적극적인 설득 끝에 동의를 받아냈다. 이렇게 해서 시간 단축을 위해 간선노선과 지선노선을 직선화하였고, 공동 수입이 된 버스 운행요금은 회사별로 버스를 운행한 거리에 비례해서 배분하는 것으로 설계하였다.

또 하나 해결해야 할 과제는 지하철과 버스 간 환승무료시스템을 도입하는 부분이었다. 문제는 서울시가 운행하는 2호선 지하철 같은 경우는 상관이 없으나 1호선 국철 등 철도청이 운영하는 철도의 경우는 국토부와 업무 협의를 통해 동의를 얻어야만 했다. 국토부는 환승무료가 도입될 경우 운행 수입의 감소를 들어 시행에 반대하였다. 즉 그간 모든 지하철 승객에 대하여 기본요금을 징수해 왔는데, 환승무료가 되면 그만큼 수입이 줄어들어 철도청의 재정적자가 심화된다는 것이 반대 이유였다.

이에 대해 서울시는 버스중앙차로제, 환승무료시스템이 도입되면 대중교통 속도가 훨씬 빨라지고 편리해져서 버스와 지하철 이용 승객이 대폭 증가할 것이므로 전체 운임 수입은 오히려 늘어날 것이라고 설득하였다.

서울시 입장에서는 국토부가 반대하는 철도청 국철 구간을 제외하고 대중교통체계를 개편하면 행정적으로 일하기는 쉬울 수 있으나, 수도권을 포함한 시민들의 입장을 생각하면 도저히 그렇게 할 수는 없었다.

환승무료시스템은 지금 당장의 재정적인 문제보다는 앞으로 수도권 전체의 대중교통망 운영에 있어서 반드시 도입·시행되어야 할 핵심적인 요소라고 설득하여 어렵게 국토부 동의를 구할 수 있었다. 실제로 환승무료 도입 이후 대중교통 인구가 크게 증가하여 철도청이 우려하던 수입 감소는 발생하지 않았다고 하며, 20년 가까이 흐른 오늘날까지 시민들이 큰 요금 인상 없이 편리하게 대중교통을 이용하고 있다.

■ 그렇다면 그렇게 하시지요

획기적인 버스체계 개편 방안의 큰 그림이 나오자 이러한 목표를 달성할 구체적인 실행 방안을 수립 추진하는 문제가 대두되었다.

버스노선을 직선으로 설계하고 버스중앙차로제를 만드는 하드웨어적인 일은 큰 애로사항이 없었다. 문제는 버스운행정보 전반을 실시간으로 모니터링하는 버스정보시스템(BIS, Bus Information System)과 시민들의 이용요금을 계산하는 신교통카드 시스템 등 소프트웨어를 개발하는 것이었다. 첨단 IT기술을 활용한 세계 최초의 신교통 시스템을 개발하는 일은 민간 전문회사가 맡았다.

엄청난 부담 속에 버스체계 개편 사업을 추진하던 중에 언론과 정치권으로부터 개통 시기에 대한 비판이 제기되었다. 개통 날짜를 2004년 7월 1일로 잡은 것은 시장 취임 2주년에 무리하게 맞춘 것 아니냐는 주장이었다. 또한 완전히 새로운 교통프로그램을 개발하여 적용하면 시행 초기에 예상치 못한 오류가 생길 가능성이 있으므로 "천천히 준비해서 완벽한 테스트를 거친 후에 개통하라"는 주문이 쏟아졌다.

이렇게 우려와 비판의 목소리가 커지자 시장은 정책회의를 열어 소프트웨어 프로그램 개발 회사 간부의 의견을 들었다.

"현재 프로그램 개발 진도는 몇 퍼센트 정도인가요?"

"70퍼센트 정도 됩니다. 중간에 고비가 있었는데 지금은 해결책을 찾은 상태입니다."

"그럼 앞으로 예정된 개통 날짜에 맞출 수 있나요?"
"네, 가능합니다. 문제없습니다."

회의 직후 시장은 교통실장에게, 다음 회의에는 프로그램 개발 회사 간부 말고 실제로 프로그램을 개발하는 전문 실무자만 참석시켜 달라고 요청했다. 다음번 회의에서 이 시장은 직접 프로그램을 개발하는 실무자에게 말했다.

"당초 계획한 대로 개발이 가능합니까? 프로그램 개발 문제는 대단히 중요한 사항이므로 지금 이 자리에서 정확하게 말씀해 주셔야 합니다. 프로그램을 개발하는 데 당초보다 6개월이든 1년이든 시간이 더 필요하면 얼마든지 연기해 줄 수 있습니다. 전문기술자로서 솔직하게 대답해 주세요."

"그때까지 개발이 가능하다고 생각합니다. 해낼 수 있습니다."

시장은 다시 같은 질문을 해서 개발 실무자에게 반복 확인했고, 실무자의 대답은 여전히 개발할 수 있다는 것이었다. 시장은 실무자의 의견을 몇 차례 더 확인한 후 이렇게 결론을 내렸다.

"그렇다면 그렇게 하시지요."

이렇게 해서 2004년 7월 1일 계획대로 서울 버스체계는 혁신적인 새 시스템으로 바뀌었다.

새로운 버스운행 시스템으로 교체하는 데 주어진 시간은 매우 촉박하였다. 개편 전날인 6월 30일 저녁까지는 기존 시스템이

작동되어야 하고, 7월 1일 새벽부터는 새로운 시스템으로 바꾼 버스가 운행되어야 하기 때문이다. 통상적으로 차고지에 들어오는 마지막 차는 새벽 1시경이었고, 다음 날 첫차는 새벽 4시 조금 넘어 출발하므로 불과 3시간 정도의 시간이 있을 뿐이었다.

■ 교통실장 바꾼다고 해결되나요?

아무리 준비를 철저히 해도 예상하지 못한 문제가 생기게 마련이다. 온갖 어려움을 이겨내며 개통한 혁신적인 시스템도 초기에 여러 가지 문제가 발생하였다.

첫째는 시민의 이용편의성을 위해 교통칩이 내장된 모든 신용카드로 요금결제가 되도록 설계했는데, 일부 카드에서 요금결제가 안 되는 일이 생긴 것이다. 나름대로 파악한 100개가 넘는 신용카드를 새로운 교통카드 프로그램에 모두 반영했는데, 일부 백화점에서 발행한 카드가 누락되어 있었던 것이다.

둘째는 강남역, 광화문 등 도심지 하차 지점에서 적잖은 버스 정체가 발생하여 기차처럼 길게 줄을 늘어선 것이다.

이외에도 전면적인 개편이다 보니 혼란과 불편이 곳곳에서 발생하여 개통 초기에 시민들의 항의 민원 전화와 언론의 비판이 빗발

▲ 초기 중앙버스전용차로(출처 서울시) ▼ T-money 교통카드(출처 서울시)

쳤다. 일부에서는 차라리 이전의 교통시스템으로 되돌리는 것이 혼란을 수습할 수 있는 방안이라고 주장하기도 했다. 또한 제대로 준비를 못해 혼란을 야기한 책임을 물어 교통실장을 교체하라는 정치권과 언론의 질타도 이어졌다. 조직 내부에서도 민심을 달래는 차원에서 실무 최고책임자인 교통실장을 바꾸어야 한다는 의견이 나왔다. 이러한 의견에 대해 이 시장은 이렇게 말했다.

"지금은 시민 불편 해소가 최우선 과제이지 교통실장을 바꾸는 게 급한 일이 아닙니다. 공무원 여러분들은 교통실장이 바뀌면 뭐부터 합니까? 새로운 교통실장에게 업무보고부터 할 것 아닙니까? 그러면 지금 당장 벌어지고 있는 시민 불편은 누가 해결합니까? 또한 새 교통시스템에 대해 누가 더 잘 압니까? 새로 오는 교통실장입니까? 아니면 지금까지 이 교통시스템을 설계하고 추진해 온 현 교통실장입니까? 현재의 교통실장이 새 교통시스템에 대해 가장 잘 알고 있으므로 그분이 지금 문제가 되는 부분을 더 잘 수습할 수 있지 않겠습니까?"

버스체계 개편 초기 혼란을 조속히 정상화하기 위해 매일 저녁 대책회의가 열렸다. 서울시청 공무원 대부분이 지정받은 담당 구역에 직접 나가 현장에서 발생하는 시민 불편 사항을 체크해서 들어오면 취합된 문제점을 가지고 저녁에 회의를 통해 해결방안을 찾아 다음 날 개선조치를 하는 식이었다. 교통실에서 회의시간을 저녁 식사 후인 7시로 보고하자 시장은 저녁 9시로 늦추도록 지시했다.

"여러분이 저녁 7시에 회의를 하려면 교통실에서는 5시에 각 실국으로부터 자료를 받아야 회의 자료를 준비할 것 아닌가요? 각 실국이 현장에 다녀온 직원으로부터 문제점을 받아 자료를 만들려면 3시 정도에는 사무실에 들어와야 할 것입니다. 그러면 출장 나간 직원들은 오후 2시경 현장에서 출발해야 3시쯤 사무실에 도착할 수 있습니다. 그러니 실제 현장에서 시민 불편 사항을 파악하는 시간이 너무 짧아져 어느 세월에 문제점을 다 파악한단 말입니까?"

매일 저녁 9시에 시작된 회의는 새벽 1~2시까지 가는 경우가 많았다. 문제점을 파악하고 대책을 강구하여 결론을 내고 다음 날부터 바로 개선조치에 들어가야 하기 때문이다. 그리고 이 시장은 다음 날 아침 8시에 어김없이 하루 업무를 시작하였다.

이러한 혼신의 노력으로 개통 1개월이 되기 전에 대부분의 문제점이 해소되어 정상화되었다. 새로운 버스시스템이 정상화된 이후 노무현 대통령은 국무회의 석상에서 서울시 버스체계 개편에 대해 최고의 행정개혁 사례라며 극찬했다고 한다.

■ 서울시 버스체계 개편에서 얻은 교훈

나는 서울시장 비서실 정책비서관으로 일하며 버스체계 개편, 청계천 복원사업 같은 서울시의 주요 정책 어젠다에 대해 토론하는 정책회의를 뒷받침하였다. 이때 얻은 교훈 몇 가지를 적어본다.

첫째, 시민 불편 해소와 도시 경쟁력 확보를 위해 반드시 필요한 사업이라면, 그것이 비록 리스크가 크더라도 문제가 발생하기 전에 미리 개선 노력을 해야 한다는 것이다. 간혹 뜨거운 감자 같은 업무는 무관심한 척하거나 뒷사람에게 미루는 경우를 볼 수 있다. 이렇게 되면 나중에 시민 불편과 부담해야 할 사회적 비용이 몇 배로 늘어나게 될 것이다.

둘째, 조직에서 업무를 추진할 때 일방적 지시가 아니라 치열한 토론과 소통 과정을 거쳐 사전에 예상되는 리스크 요인을 찾아내고, 또 내부 직원들이 이 일을 왜 해야 하는지 납득시키는 과정을 거친다는 점이다. 이렇게 해야만 직원들이 자기 일처럼 자발적으로 열심히 할 수 있는 동기 부여가 되어 업무 추진에 탄력성을 갖게 되는 것이다.

셋째, 행정에 첨단 IT기술을 도입하여 시민의 편리성과 요금 부담을 줄였다는 점이다. 지금으로부터 약 20년 전에 교통시스템 같은 리스크가 큰 업무에 IT기술을 접목하여 이전에 없던 새로운 시스템을 개발한다는 것은, 조직의 리더로서 대단한 용기와 결단력을 보여 준 것이다. 서울시민의 민원 1순위인 교통 불편을 근본적으로 해결하고자 하는 마음과 민간 기업인 시절부터 쌓아온 다양한 업무 경험이 있었기에 성공할 수 있었다고 생각한다.

넷째, 개편된 버스운영 시스템을 100% 공영제가 아니라 민관이 역할을 분담하는 준공영제로 추진했다는 점이다. 개편 이전에는 민간 버스회사가 주도권을 쥐고 있었고 서울시는 노선면허를 발급하고 일부 요금 보조금을 지원해 주는 정도였다. 그러나 새로운 개혁안은 버스 이용 시민의 시간 단축, 편리성, 요금 부담 문제를 개선하기 위해 버스노선 조정권을 서울시가 회수하고 버스요금 수입을 공동관리하는 것으로 변경하였다. 이와 함께 버스를 구입, 배차, 운행, 청소, 정비하는 등의 일과 버스기사 채용, 교육, 급여에 관한 일은 민간 버스회사에 맡겼다.

이러한 준공영제는 100% 공영버스로 운영할 경우 발생할 수 있는 경쟁력 저하, 비효율, 행정관리 인력 비대 등을 예방하고 민간의 장점을 활용할 수 있는 방안이다. 예를 들어 버스 운송 수입금을 공동관리하면서 각각의 민간회사에 버스를 운행한 거리에 비례해서 수입금의 90% 정도를 우선 배분토록 했다. 나머지 10% 정도는 버스회사별로 시민불편신고, 교통사고, 버스기사의 친절도, 차량 청결 등을 상대평가하고 차등지급하는 것으로 설계하여 서비스의 질 향상을 도모하도록 했다. 또한 버스운행, 운전기사 관리 같은 비(非)정책적인 운영분야는 민간에 맡김으로써 민간과 공공이 상호 장점을 보완할 수 있게 역할을 분담하였다.

다섯째, 전문적인 일은 전문가의 의견과 판단을 존중하고 따랐다는 점이다. 새로운 교통프로그램을 개발할 때 민간 개발회사의 고위 간부 의견이 아니라 실제로 프로그램을 직접 개발하는 현장 전문직원의 의견을 듣고 그 판단을 존중하는 업무처리 방식은 공무원들이 행정을 할 때 명심해야 할 점이라고 생각한다.

여섯째, 교통실장 교체에 대한 여론이 분분했을 때 냉정하고 합리적인 판단 하에 교통실장을 그대로 유임시켜 조기에 혼란을 수습한 점이다. 가끔 언론보도에서 누군가 책임지는 모양새를 갖춰 성난 민심을 무마하려는 기사를 본 적이 있을 것이다. 그러나 하루 속히 혼란을 수습하고 조기에 정상화하는 것이 문제 해결의 본질이지, 형식적인 인물 교체는 시민의 불편을 키우고 문제 해결을 더욱 더디게 할 뿐이다. 문제를 수습할 수 있는 적임자가 누구인지가 판단의 핵심이다.

이상과 같은 버스체계 개편 추진 과정에서 얻은 교훈들은 나의 공직 생활 내내 커다란 자양분이 되었다.

서울시 버스체계 개편에 대해 '세계대중교통협회(UITP)'는 이를 교통혁명에 비견하며 우수정책으로 선정하였다. 또한 타임지는 서울시 청계천 복원과 함께 버스체계 개편을 성공적으로 추진한 공을 인정하여 이명박 시장을 2007년도 '올해의 환경 영웅' 중 한 명으로 선정하기도 했다.

오세훈 서울시장 시절 식품안전과장으로 근무하며 중국의 멜라민 분유 사태(영유아 환자 6만 명 발생) 당시 서울시내 대형마트·소매점 등에서 유통되던 문제의 유제품(乳製品)을 즉시 전량 수거·폐기 조치하여 단 한 명의 환자도 발생하지 않았다.

더 큰 세상, 청와대에서의 값진 경험

청와대 근무를 하면서 국정업무 전반에 대한 이해와 시야를 넓히는 동시에 복잡한 국정 현안을 협의 처리하는 과정에서 정책조정과 판단능력을 기르는 소중한 경험을 했다. 이와 함께 전국 지방자치단체에서 올라오는 건의사항과 애로사항을 검토하며 많은 것을 배웠다. 지역 발전과 주민들의 어려운 사정을 덜어주기 위해 예산을 1원이라도 더 따내고, 첨단 산업단지를 유치하고, 지역 발전을 가로막는 규제를 풀기 위해 최선을 다하는 모습을 보며, 이것이 지방자치를 실시하는 이유이고 순기능임을 체감했다.

공무원이면 누구나 한 번 정도 근무해 보고 싶은 곳, 청와대. 이곳에는 각 부처에서 발탁된 실력 있는 공무원들이 모여 있다.

나는 2009년 9월부터 청와대 행정자치비서관실 행정관으로 근무하는 기회를 가졌다. 정무수석실 소속 행정자치비서관실에는 전통적으로 서울시 출신 공무원을 발령내는 정원(定員) 한 자리가 있었다. 당시 내가 서울시장 비서실 정책비서관으로 근무한 경력을 참고해 누군가 추천하지 않았나 싶다. 정진석 수석, 맹형규 수석, 박형준 수석 등 세 분의 정무수석 아래서 국정업무 전반에 대한 이해와 정무적 감각을 익힌 소중한 시간이었다.

■ 새벽 6시부터 근무를 시작하는 청와대

청와대 생활은 새벽 6시면 어김없이 사무실 자리에 앉아 컴퓨터를 켜고 하루 일과를 시작한다. 그러니 매일 새벽 4시 조금 지나 반드시 일어나야 한다. 새벽에 출근하기 위해서는 저녁시간에 개인적 약속은 거의 할 수 없었다. 아침 일찍 업무를 시작하는 생활

이명박 대통령과 청와대에서

은 이미 서울시에 있을 때부터 몸에 밴 터라 적응하는 데 큰 어려움은 없었다.

정무수석실 산하 행정자치비서관실의 당시 업무 영역은 행정안전부, 전국 16개 광역시도와 226개 시·군·구 기초자치단체, 소방방재청, 국가보훈처 관련사항이었다. 그러나 외교, 국방을 제외한 대부분의 정부정책은 전국의 지방자치단체를 통해서 실태를 파악하고 실제로 집행되며 효력이 발생한다. 따라서 행정자치비서관실은 전국 범위의 각종 현안사항 보고, 관련 부처와의 정책 조율, 국정과제 뒷받침 등의 역할을 분담하여 처리하느라 가장 바쁜 비서관실이기도 했다.

서울시에 근무할 때는 대한민국 수도 서울의 종합행정이 지방자치의 핵심이라 생각했는데, 청와대 근무를 하면서 나라 전체를 보는 안목이 생겼다. 즉 국정업무 전반에 대한 이해와 시야를 넓히는 동시에 복합적인 국정 현안에 대해 다른 비서관실과 협의하는 과정에서 정책조정과 판단능력을 배양하는 좋은 경험이 되었다.

특히 전국 광역 및 기초자치단체의 건의사항을 검토하고 처리하며 지방행정에 대한 어려움과 아픔을 알게 되고 그들의 입장을 헤아릴 수 있게 되었다. 이는 서울시에서 일할 때 미처 느껴보지 못한 경험이었다. 우리나라가 진정한 선진국으로 도약하기 위해서는 지역 육성 등을 통해 선진국 수준으로 발전시켜야 한다는 의견에 적극 공감하게 되었다.

■ 60년이 지나도 은혜를 잊지 않고 계속 갚는 나라

매년 보훈처에서는 6 · 25 참전 해외 용사와 그 후손들을 초청하여 우리나라의 발전상과 DMZ 등 치열했던 전투 현장을 견학시키는 사업을 하고 있다. 당시 참진했던 노병들은 지독한 추위와 찢어지게 가난한 모습으로 우리나라를 기억하고 있었다.

그들은 참전 당시 지구상 어디에 붙어 있는지도 모르는 코리아라는 나라에 파병 명령을 받고 전선을 누비면서 자기가 왜 싸우는지, 무엇을 위해 싸우는지 전혀 모르는 상태에서 전투에 임했다고 한다. 이런 그들이 휴전이 되고 각자 고국으로 돌아가 오랫동안 잊고 살았는데 우리나라 정부의 초청을 받아 거의 60년 만에 백발이 되어 다시 방문한 것이다.

그들은 산업화와 민주화에 성공한 우리나라의 눈부신 발전을 보며, 젊은 시절 자신과 전우들이 목숨 걸고 공산 세력에 맞서 싸워 이 나라를 지켜 낸 것을 자랑스러워했다.

방한한 노병들은 우리나라가 자신들을 잊지 않고 초청해 준 것에 감격해했다. 그들은 전쟁이 끝난 지 60년이 되어서도 계속해서 참전 용사들을 초청하여 은혜를 갚으려고 노력하는 나라는 전 세계에서 대한민국밖에 없다고 말했다.

세계 유일의 UN군 묘지, 부산 UN기념공원을 방문했던 기억이 아직도 인상 깊게 남아 있다. 유엔군의 이름으로, 자신들의 조국

부산 UN기념공원 안장자 유족 초청 행사에서 참배하는 모습(출처 국가보훈처)

을 지키기 위해서가 아니라 이름조차 들어본 적 없는 동양의 어느 조그만 나라를 지키기 위해 싸우다가 산화한 젊은 청춘들!

 이들의 희생이 있었기에 자유 대한민국을 지켜 낼 수 있었다. 자신의 고국에서 멀리 떨어진 이역만리에 잠들어 있는 그들의 명복을 빌며 머리 숙여 감사드린다.

 거기에 잠든 이들을 통해 각국의 장례문화를 엿볼 수 있는데, 그곳에는 영국 군인과 터키 군인이 대부분이다. 파병된 군인이 전사하면 영국과 터키는 현지 매장, 미국은 본국 송환이 원칙이다. 프랑스의 경우는 유족의 의사에 따라 본국 송환 또는 현지 매장을 한다고 한다.

 이곳에는 20세 미만의 나이 때문에 형 이름으로 참전했다가 이역만리 타국 땅에 묻힌 병사가 있다. 또 신혼 때 남편이 참전하여 전사한 터키의 어린 신부는 평생을 수절한 끝에 자신이 죽으면 화장하여 남편 무덤에 합장해 달라고 유언을 남겼는데, 나중에 부인의 유해를 합장하고 고국 터키에서 가져온 고향 흙을 무덤 위에 뿌렸다는 사연은 듣는 이들의 마음을 숙연하게 했다.

■ 통합 창원시가 탄생하기까지

행정안전부 역점사업이었던 창원시·마산시·진해시를 합치는 '통합 창원시' 행정구역 통합 얘기다. 이 업무는 내가 직접 담당한 것은 아니지만, 평소 지방자치에 관심이 많았고 또 마산이 태어난 고향이어서 후일 통합 창원시 출범식 행사에도 참석하였다.

당시 정부는 복수의 기초자치단체들의 주민 생활권이 큰 구분 없이 하나로 기능하는 지역는 행정의 효율성과 주민 생활의 편의성을 위해 하나로 통합하는 작업을 하였다. 추진 과정에서 어려움도 있었으나 결국 전국에서 유일하게 창원시·마산시·진해시가 인구 100만 명이 넘는 '통합 창원시'로 새롭게 출발하였다.

통합 업무 추진 당시 기초자치단체의 덩치를 키우는 것이 여러 가지 장점이 있다는 것에 공감하는 사람이 많았으나, 실제 추진과정에서 단체장들의 적극적인 추진 의지가 필요했고, 기초의회와 광역의회를 설득하여 동의를 받는 절차도 거쳐야 했다.

2010년 7월 1일 '통합 창원시'가 출범했다.

정진석 국회부의장과 함께

반대 여론에 대해서는, 만약 통합이 성사된다면 특별법 제정을 통해 통합 인센티브 예산이 지원되고, 광역적 범위에서 전철망 계획과 도시계획 수립 추진이 가능하다는 것을 강조했다. 또한 도시 경쟁력이 훨씬 높아질 것이므로 앞으로 아들딸, 손자 손녀 등 미래세대를 위해 통합하는 것이 바람직하다고 설득했다. 정부의 통합 인센티브 예산을 통해 낙후된 지역의 균형 발전에 투입할 수 있다는 점도 강조했다.

또 만약 통합 창원시가 출범하면 50~100년 뒤에는 인근 부산시보다도 훨씬 더 발전해 있을 가능성이 크다는 얘기를 했다. 그 이유로 부산시는 남쪽의 바다와 더불어 북쪽으로 울산시와 양산시, 서쪽으로 창원시와 김해시에 막혀서 더 이상 성장하는 데 한계가 있지만, 통합 창원시는 창원공단에서 나오는 풍부한 예산과 중앙정부가 지원하는 인센티브 예산으로 광역도시 발전계획을 추진할 수 있다는 점도 강조하였다. 이렇게 해서 전국 최초로 기초자치단체 통합사례가 된 '통합 창원시'는 몇 년 뒤 청주시·청원군 통합모델의 선구가 되었다.

■ 10년 전 구제역 방역 경험의 소중한 교훈

다음은 가축에게 치명적 전염병인 구제역(口蹄疫)이 발생하여 전국에 열병처럼 번져 나갔을 때의 일이다.

농림부는 당시 특정 지역에서 발생한 구제역이 다른 지역으로 확산되는 것을 방지하기 위해 통제초소 설치, 방역소독 실시, 가축 살처분 등 초기에 긴급 대응책을 실행하였다. 그러나 이동 차단과 방역 소독 실시에도 불구하고 구제역은 전국으로 확산되어 국가적 재난 상황으로까지 확대되었다. 급기야 정부에서는 현장 관리체계 등 실태를 파악해 철저한 대책을 마련하기 위해 농림부, 행안부 실국장들을 각 시도 담당 지역으로 급파하였다.

이에 따라 그동안 애를 먹었던 확산 원인을 파악할 수 있었는데, 그것은 사료 수송 차량, 도축 차량, 가축 분뇨 수거 차량이 여러 곳의 축산 농가를 다니면서 이동 전파한다는 것이었다.

그러나 이때는 이미 수많은 가축이 살처분된 뒤였고, 여기에 참여한 공무원과 농장주들은 정신적 트라우마에 시달리고 있었다. 또한 매몰지역의 지하수 오염문제가 새롭게 제기되기도 하였다. 이후 사태가 진정되고 나서 정부는 이때의 경험을 바탕으로 대응 매뉴얼을 마련해 가축 전염병 재발에 대비하였다.

그런데 2019년 돼지열병(ASF)에 감염된 야생 멧돼지가 파주, 철원, 화천, 양구, 인제, 고성 등 민통선 접경지역을 따라 잇따라 발견되었다. 이때 발생한 돼지열병에 대하여 정부는 10여년 전 마련한 가축 전염병 방역 대응 매뉴얼에 따라 적극적으로 대처하여 발생 초기에 이를 차단할 수 있었으며, 남한 전역으로 확산되는 것을 성공적으로 막아 피해를 줄일 수 있었다.

지금 코로나19로 인해 국민들이 2년 넘게 고생하고 있다. 그간의 코로나 대응에서 발견한 문제점과 수습과정에서의 다양한 노하우를 잘 살려, 향후 유사한 감염병이 발생했을 때를 대비한 종합 대응 매뉴얼을 마련해야 할 것이다.

10년 전 구제역 확산 방지를 위해 동분서주했던 그때의 방역 경험은 나에게 매우 소중한 교훈으로 남아 있다. 국민의 안전한 삶을 일상생활 가까이에서 직접 챙기는 일은 지방자치단체의 가장 중요한 업무 중 하나다. 화재, 풍수해, 감염병 같은 자연재해와 인공재난이 발생했을 때 즉각 대응할 수 있는 매뉴얼이 철저하게 준비되어 있어야 한다.

또한 이러한 상황이 발생했을 때 첨단 IT기술을 활용한 자동 인지, 즉각적인 초동 조치, 관련부서 기관들의 참여와 유기적인 협조 등을 담은 지자체 위기 대응 종합시스템이 구축되어야 할 것이다. 이와 함께 공무원들이 수시로 실제와 유사한 훈련을 통해 매뉴얼 내용을 머리와 몸에 각인시켜 유사시에 자동으로 반응, 조치할 수 있는 수준을 만들어야 할 것이다.

■ 북한에 의한 두 차례 군사 도발

북한에 의한 천안함 폭침사건은 전 국민을 분노케 했다. 2010년 3월 우리의 해군 함정이 서해 백령도 부근 바다에서 어뢰를 맞아 침몰한 사건으로 장병 46명이 전사하였다. 상황은 긴박하게 돌아갔다. 유가족을 위로하는 일, 국내외 전문가들을 통해 과학적으로 침몰 원인을 규명하는 등…. 결국 북한의 어뢰 공격에 의한 소행으로 밝혀져 우리나라가 아직도 분단 대치국가임을 절실하게 느꼈다.

 천안함 폭침으로 아들을 잃은 고(故) 민평기 상사의 어머니 윤청자 할머니가 그 뒤에 청와대 행사에 참석하여 보상금으로 받은 1억 원을 수표로 가져와 기부하는 가슴 뭉클한 일도 있었다. 다시는 당신과 같이 아들을 잃는 일이 일어나지 않기를 바라는 간절한 마음으로 기부를 결심했다고 한다. 이 돈은 나중에 해군 함정에 기관총을 설치하는 데 사용되었다고 한다.

 이와 함께 연평도 포격사건이 같은 해 11월에 일어났다. 연평도를 향해 북한이 수십 발의 포격을 가해 군인 2명, 민간인 2명이 사망한 사건이다. 국가 안보에 매우 심각한 위기상황이었다. 정부는 무엇보다도 국토를 지키고 국민을 안전하게 보호하는 일이 급선무다. 이러한 북한의 포격사건을 통해 우리 국민은 6·25전쟁이 끝난 것이 아니라 아직도 휴전상태라는 사실을 절감할 수밖에 없었다. 만약 연평도뿐만 아니라 인구가 밀집된 서울에도 포탄이 떨어졌다면 어떤 사태가 벌어졌을지 상상만 해도 끔찍한 일이었다. 당시 정부는 청와대에 파견 근무하던 해병대 현역 장교를 연평 부대장으로 즉시 발령을 냈다. 이는 국토 수호와 국민 안전을 위해 추호의 흔들림도 없다는 국군통수권자의 강력한 의지를 분명하게 천명한 것이었다.

미국 수도 워싱턴에는 한국전 참전용사 기념공원이 있다. 거기에는 "FREEDOM IS NOT FREE"(자유는 공짜가 아니다)라는 문구가 새겨져 있다. 세계 각국에서 온 수많은 젊은 용사들의 희생으로 지켜 낸 자유 대한민국.

청와대 근무 시절 나는 두 번에 걸친 북한의 군사도발을 경험하면서, 자유를 지키는 일은 결코 거저 주어지는 것이 아니며 누군가의 희생 위에 우리가 그것을 누리고 있다는 사실을 마음 깊이 깨달았다.

지금까지 청와대에 근무하면서 서울시에서만 근무했다면 보고 느끼지 못했을 일들을 몇 가지 적어 보았다. 무엇보다도 전국 지방자치단체에서 올라오는 건의사항과 애로사항을 검토하며 많은 것을 배웠다. 지자체의 입장이 절박하고 어려운 상황이라는 점을 절실하게 공감하기도 했다.

지역 기초자치단체는 주민들의 생활과 직결된다. 그러다 보니 각 지자체가 어떻게든 지역 발전과 주민들의 어려운 사정을 덜어주기 위해 예산을 1원이라도 더 따내고, 첨단 산업단지를 유치하고, 지역 발전을 가로막는 규제를 풀려고 최선을 다해 애쓰는 모습을 많이 보았다. 이런 절실한 노력을 보며 이것이 지방자치를 실시하는 이유이고 순기능임을 체감할 수 있었다.

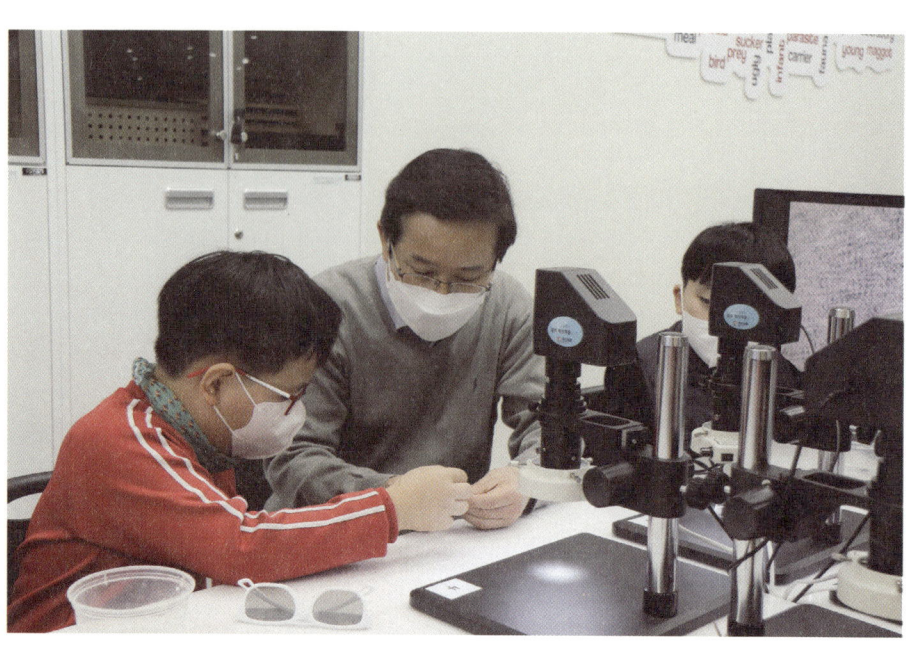

제2장
과학교육에 우리의 미래가 있다

4차 산업혁명시대, 과학인재 육성이 핵심이다

아이 손을 잡고 과학관으로

국내 최초로 문을 연 '국립어린이과학관'

국립과천과학관을 리모델링하다

코로나 시대, 온라인 과학교실

안창남과 항공·우주의 꿈

비정규직의 정규직 전환 이야기

4차 산업혁명시대,
과학인재 육성이 핵심이다

한 나라의 과거를 알려면 박물관에 가보면 되고, 그 나라의 미래를 알려면 과학관에 가보면 된다. 4차 산업혁명시대 무한경쟁 속에서 어떻게 우리나라를 과학 선진국으로 우뚝 서게 할 것인가. 우리가 치열한 경쟁에서 승리하기 위해서는 디지털 역량을 갖춘 미래인재를 육성하는 것이 가장 중요하며 반드시 해내야 할 일이다.

인공지능 알파고와 이세돌의 세기적 대결 이후 전 세계는 큰 충격에 휩싸였다. 그때 이후 많은 사람들은 4차 산업혁명시대의 도래와 그 준비에 대해 이야기하기 시작했다. 4차 산업혁명 하면 인공지능(AI), 사물인터넷(IoT), 빅데이터(Big Data), 로봇(Robot), 자율주행차, 메타버스(Metaverse) 등의 단어가 떠오른다.

4차 산업혁명시대는 초연결·초지능 사회를 만들어 우리 인류의 삶이 획기적으로 풍요로워지고, 편리해지며, 건강해지고, 안전해지는 세상을 말한다.

미국의 미래학자 토머스 프레이(Thomas Frey)는 4차 산업혁명으로 기술혁신이 노동을 대신하면서 2030년까지 전통적인 일자리

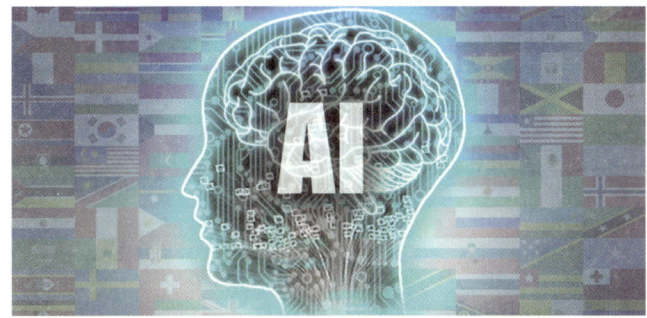

인공지능(AI)
(출처 연합뉴스)

빅데이터
(출처 연합뉴스)

메타버스(Metaverse)
(출처 연합뉴스)

KAIST의 휴머노이드 로봇 '휴보'
(출처 연합뉴스)

20억 개가 사라질 거라고 말했다. 또 2016년 세계경제포럼(World Economic Forum, 다보스포럼)은 초등학생의 65%는 그들이 성인이 되었을 때 현재 존재하지도 않는 직업을 갖게 될 것이라고 전망했다. 이런 이야기를 아이 키우는 부모들이 들으면 막연하고 두려울 것이다. 기술 발전과 사회 변화의 속도가 이토록 빨라지는데 지금과 같은 방식으로 아이를 키우고 교육해도 괜찮을지 불안하기 때문이다.

■ 세상의 변화는 피한다고 피할 수 있는 것이 아니다

4차 산업혁명은 피할 수 없는 대세적 변화이며 코로나19 이후 오히려 그 시기가 앞당겨졌다. 기존 은행들을 비롯한 금융권도 비대면 디지털 금융거래가 빠르게 늘고, 오프라인 점포를 없애는 추세로 전환되면서 2020년도 공채에서 이공계 출신 IT 전공자 위주로 뽑고 문과 전공자는 거의 뽑지 않았다. 예전에 은행 창구에서 고객을 응대하는 일은 문과·이과 구분이 중요하지 않았으나 이제는 시대가 바뀐 것이다. 최근 급성장한 인터넷 전문은행도 기술제품 개발, 데이터, 정보 보안분야의 디지털 IT 인재들을 채용하였다.

우리나라 산업분야에도 디지털 기업이 급속하게 성장하고 있다. 2020년도 시가총액이 큰 기업은 삼성전자, SK하이닉스, 쿠팡, 카카오, 네이버 순서다. 전통적인 제조업이나 금융업이 아니라 IT기술을 기반으로 창업한 쿠팡, 카카오, 네이버 같은 디지털 기업이 상위에 자리매김하고 있는 것이다.

 국내뿐만이 아니다. 전 세계 강대국들도 4차 산업혁명의 기술 패권 경쟁에서 승리하기 위해 치열한 과학기술 전쟁을 치르고 있는 중이다. 미국과 중국의 무역전쟁이 대표적이다. 트럼프 대통령은 중국의 통신장비업체 화웨이에 제재를 가하면서 중국의 'Made in China 2025'라는 기술굴기정책에 대한 포문을 열었다. 바이든 대통령 또한 삼성전자·TSMC를 비롯한 글로벌 반도체 기업들을 모아놓고 협조를 구하는 등 21세기 가장 중요한 국가적 전략기술 자산을 확보하기 위해 노력하고 있다.

 지금은 한마디로 기술경쟁시대다. 강대국들의 경쟁 속에서 우리나라도 손놓고 있을 수는 없다. 과학기술 선진국가야말로 우리가 이루어야 할 시대정신이고, 우리에게 주어진 절대적 소명이다.

 우리나라는 자원이 없는 가난한 나라에서 오로지 과학기술 분야 인재 양성을 통해 발전시켜 온 나라다. 반도체를 비롯한 첨단기술 산업과 자동차, 조선, 철강 등 제조업을 기반으로 세계 10대 경제대국 반열에 오른 것은 정부의 강력한 과학기술인재 육성정책이 있었기에 가능한 일이었다. 정부정책에 힘입어 1970~1980년대 우수한 인재들이 과학기술 분야에 진학한 것이 2000년대 이후 우리나라가 세계적인 반도체 강국, 제조업 강국으로 성장하는 뒷받침이 된 것이다.

지금은 4차 산업혁명시대, 그 무한경쟁 속에서 어떻게 하면 우리나라를 과학 선진국으로 우뚝 서게 할 것인가? 혁명은 결국 사람이 하는 것이다. 과학기술 인재가 하는 것이다. 우리가 이 치열한 경쟁에서 승리하기 위해서는 디지털 역량을 갖춘 미래인재를 육성하는 것이 가장 중요하다.

그런데 오늘날 우리의 현실은 어떠한가? 언론에 심심찮게 '이공계 기피', '수포자(수학 과목 포기자)' 얘기가 실리는 것을 볼 수 있다. 심지어 대입 수능 과목에서도 수험생 입시 부담을 덜어준다는 명분으로 이공계 분야의 필수 기초라고 할 수 있는 수학과 과학 시험 범위를 축소하는 시대역행적인 정책도 시행하고 있다.

현재 우리나라 젊은이들이 일자리를 얻지 못하고 고용절벽에 좌절하고 있는 안타까운 현실 역시 기성세대들이 새로운 성장산업 분야를 적극적으로 키우지 못한 탓도 있다. 이와 함께 청소년들을 미래첨단산업 분야에서 활약할 수 있는 역량을 갖춘 과학인재로 키우지 못한 것에도 기인할 것이다. 심지어 일부 젊은이들은 4년제 대학 졸업 후 취업을 위해 다시 2년제 전문대에 진학하는 사례가 있는 것도 현실이다.

■ 디지털 역량을 갖춘 미래인재를 육성하려면

4차 산업혁명시대에 양질의 일자리는 대부분 이공계 분야에서 나올 것이다. 일자리는 단순히 돈을 버는 것을 넘어 결혼, 출산,

국립과천과학관 미래상상SF관

육아, 주택, 노후까지 모두 연결되어 있는 문제다. 늦었지만 지금부터라도 중앙정부, 지방정부는 물론이고 교육기관, 기업체 등이 힘을 합쳐 디지털 역량을 갖춘 미래 과학인재 양성에 매진해야 할 것이다.

과학인재 육성에 있어 가장 중요한 것은 교육정책이다. 지금은 많이 개선되었다고는 하지만 우리나라 공교육 시스템은 대학입시 위주, 시험 위주의 교육이라는 비판을 받아왔다. 그러나 앞으로 전개될 미래사회에서는 창의력·문제해결 능력과 함께 토론과 프로젝트 수행방식으로 훈련된 과학인재들이 필요하다.

과학인재들에게 필수적으로 요구되는 수학과 과학 과목에 대해서는 어릴 때부터 이 분야에 노출시키는 것이 중요하다. 다 자라서 입시를 위해 수학과 과학을 공부하려고 하면 어려울 수밖에 없다. 수학이나 과학은 놀이나 게임 형식을 통해 어려서부터 재미를 느끼게 해 주고, 이것들이 어려운 것이 아니라 즐겁고 흥미로운 것이라는 인식을 심어 주어야 한다. 또한 과학교육은 이론적 지식보다는 직접 체험하고 탐구 활동을 해 보는 것이 무엇보다 중요하다. 이를 위해 과학관 등 전문분야 교육기관과 연계하면 학교 교육의 부족한 부분을 보완할 수 있을 것이다.

나는 국립과천과학관에서 4년간 근무하며 미래 과학인재를 양성하는 과학교육 분야에 특히 많은 노력을 기울였다. 교육당국과 협력하여 중학생 대상 자유학기제 프로그램을 개발하여 적극 지원하

과학교육 학부모 간담회

였고, 다양한 분야의 온라인·오프라인 과학교실과 진로탐색 프로그램을 실시하여 공교육을 보완하는 제2의 학교로 운영하였다. 코로나 이전에는 학생·청소년 과학교육과 학부모·어르신 등 성인교육까지 일 년에 10만 명 이상이 과학교육을 통해 지적 호기심을 충족시키고 과학적 소양을 함양할 수 있었다.

"한 나라의 과거를 알려면 박물관에 가보면 되고, 그 나라의 미래를 알려면 과학관에 가보면 된다"고 나는 감히 주장한다. 청소년들이 과학기술 분야에 흥미와 관심을 가지고 미래를 상상해 보는 공간으로 과학관을 많이 만드는 정책 실행이 절실하다.

지금은 4차 산업혁명이라는 격동기를 맞아 국가 간 경쟁이 치열한 시대다. 정부뿐만 아니라 국민 각자도 미래에 대한 막연한 희망이나 걱정으로 시간을 낭비하기보다는 지금 이 순간부터 미래 인재 양성에 최선을 다해야 한다. 과학기술 분야는 기회가 무궁무진하다. 그 기회를 잡는 것은 바로 우리의 선택과 행동에 달려 있다.

예를 들어 정부가 서울 3대 도심 중 하나인 여의도를 명실상부한 세계적인 금융특구로 키우고자 한다면, 핀테크 역량으로 무장한 과학인재를 적극적으로 육성하는 정책적 뒷받침을 해야 할 것이다.

우리나라는 과학기술로 발전시켜 온 나라다. 4차 산업혁명시대를 이끌어 갈 과학인재 대국, 과학기술 선진국가를 만들어 우리 자녀 세대가 이전 세대보다 더 잘사는 나라로 만드는 데 힘과 지혜를 모아야 한다.

아이 손을 잡고 과학관으로

과학관은 사람들이 다양한 주제로 함께 소통하며 과학문화를 향유하는 장(場)이 되어야 한다. 그래서 가까운 곳에 과학문화를 쉽게 접할 수 있는 과학관이 많아야 한다. 영화 〈ET〉에서 주인공 엘리엇과 외계인이 손가락을 맞닿아 환한 불빛이 생기는 접점! 거기가 바로 과학과 사람, 사람과 사람이 만나는 곳, 바로 과학관이다.

신이 세상을 창조할 때 가장 먼저 만든 꽃이 '우주'라는 뜻을 지닌 '코스모스(Cosmos)'라는 이야기가 있다. 실제로 코스모스를 자세히 들여다보면 길쭉한 꽃잎이 노란 별모양의 수술들을 감싸고 있어 마치 별을 담고 있는 우주 같아 보인다. 사람들이 이런 우주처럼 무한한 상상과 미래를 꿈꿀 수 있는 곳이 과학관이다.

■ 변화하는 과학관

어릴 적 부모님 손을 잡고 가봤거나 학창시절 학교에서 단체로 과학관을 방문했던 기억이 있을 것이다. 그래서 많은 사람들은

국립과천과학관

과학관 하면 학생들의 지적 호기심을 채워 주는 과학교육을 위한 공간쯤으로 생각할 것이다. 하지만 오늘날 과학관의 역할과 기능에 대한 국민의 요구는 달라지고 있다.

사람들이 커피숍에서 음료만 마시는 것이 아니라 편안한 분위기에서 자유로움을 만끽하며 때론 무언가 창조적 활동을 하지 않는가. 현재 세계적인 과학관들은 이러한 변화에 대응하여 이제는 과학관을 과학과 사람, 미래와 사람, 사람과 사람이 서로 소통하고 교류하는 과학문화공간으로 탈바꿈시키고 있다.

미국 샌프란시스코에 있는 '익스플로라토리움(Exploratorium) 과학관'은 과학분야뿐만 아니라 사회·예술 영역까지 확장하여 다양한 주제들을 다루기 시작했다. 아랍에미리트(UAE)는 두바이에 '미래를 보고 미래를 창조하자'라는 모토 아래 '미래과학관'을 건립하여 미래 과학기술 이슈를 국민들에게 알리고 체험하게 하는 노력을 하고 있다.

이처럼 여러 나라의 노력에서 보듯 과학관은 일방적인 과학 지식의 전달 장소가 아니라 우리가 일상에서 겪는 자연과 사회현상에 대해 함께 토론하고 SF(Science Fiction)적인 상상력을 발휘하며 그 과정 속에서 과학을 이해하고 즐기는 방향으로 나아가고 있다.

또한 4차 산업혁명시대에 인공지능(AI), 사물인터넷(IoT), 가상현실(VR) 등의 핵심 미래기술에 대한 국민들의 불안감을 덜어주고 적응할 수 있게 도와주는 기능도 수행해야 한다.

SF축제 시상식

■ 국립과천과학관의 변신

내가 4년간 근무했던 국립과천과학관도 이러한 시대적 추세에 발맞춰 적극적인 노력을 기울여 왔다. 단순히 학생들이 과학 전시품을 관람하고 과학의 원리를 학습하는 교육 공간 차원을 넘어 이제는 국민들이 일상생활 속에서 과학을 쉽게 접할 수 있는 과학문화의 중심지가 되도록 온라인과 오프라인을 통해 획기적인 변신을 시도하고 있다.

이렇듯 과학관의 역할은 과학지식뿐만 아니라 사회문제, 지구적 이슈, 문화와 예술, 미래 세상에 대한 상상에 이르기까지 다양한 주제에 대해 참여와 토론의 공간으로 제공되며, 국민적 참여를 유도하는 데 초점이 맞춰져 있다.

일례로 과천과학관의 '미래상상 SF관'은 4차 산업혁명시대에 대비하여 100년 후의 미래 세상과 SF영화 같은 미래를 주제로 상상의 나래를 펼칠 수 있도록 전시 콘텐츠를 구성하였다. 이와 함께 10년째 지원하고 있는 'SF축제'는 'SF(Science Fiction)'라는 공통의 주제로 영화, 애니메이션, 소설 등 다양한 장르의 작가와 열광적인 마니아들이 한자리에 모여 각자가 꿈꾸고 상상하는 미래 세상을 이야기하며 행복한 파티를 즐기기도 했다.

이제 과학관은 과학기술이라는 차원을 뛰어넘어 다양한 분야의 주제를 가지고 사람과 사람이 함께 소통하며 과학문화를 향유하는 장(場)이 되어야 한다. 우리의 일상생활 가까운 곳에 과학문화를 쉽게 접할 수 있는 과학관이 많아야 한다. 영화 〈ET〉에서 주인공 엘리엇과 외계인의 손가락이 맞닿아 환한 불빛이 생기는 접점! 거기가 바로 과학과 사람, 사람과 사람이 만나는 곳, 바로 과학관이다.

세상은 문밖에 있다. 아이의 손을 잡고 과학관으로 가자. "미래는 모르는 것이 아니라 만들어 가는 것"이라는 말처럼 모두 함께 미래 세상을 꿈꾸며 만들어 나가자.

국내 최초로 문을 연 '국립어린이과학관'

국립어린이과학관은 미래세대의 주인공인 어린이와 초등학교 저학년들이 신체와 두뇌를 활용하여 창의적 상상력과 과학적 사고를 키우는 최적의 공간이다. 이곳에서 아이들이 놀이를 통해 과학에 흥미를 느끼고 그 원리를 쉽고 재미있게 배우고 있다.

 북유럽 국가 핀란드의 국가 교육 목표에는 "아이들에게 놀이를 통한 학습을 경험하게 해야 한다"는 내용이 명시되어 있다. 독일은 아이들이 가장 좋아하는 물, 나무, 모래 등을 소재로 한 놀이터를 곳곳에 만들어 과학적 사고와 모험심을 길러 주는 노력을 해 오고 있다. 아이들이 놀이를 통해 신체적·정서적 발달이 촉진되고 상상력과 창의력을 기를 수 있다는 이유에서다.

 어린 시절 마음껏 놀 수 있는 여건이 부족한 환경에서 자란 아이는 커서도 자존감, 사회성, 질서의식, 타인에 대한 배려심 등이 제대로 형성되지 못하는 것으로 알려져 있다. 그만큼 놀이가 부족하면 행복지수가 낮아진다는 연구 결과와도 상통한다.

그래서 도시 아이들에게 놀이와 체험을 통한 상상력과 창의력을 길러 줄 수 있는 공간인 '어린이과학관'이 많이 있어야 한다는 생각이다. 어린이과학관은 미래세대의 주인공인 어린이와 초등학교 저학년들이 신체와 두뇌를 활용하여 창의적 상상력과 과학적 사고를 키우는 최적의 공간이다. 즉 아이들이 놀이를 통해 과학에 대한 재미를 붙이고 쉽게 그 원리를 배워 나가는 과학 놀이터인 셈이다.

■ **어린이과학관은 왜 중요할까**

서울 종로구 와룡동에 창경궁과 담장 하나를 사이에 두고 어린이 전용 과학관이 있다. 원래 우리나라 최초의 국립과학관이 있던 자리다. 국립과천과학관장 직무대리로 일할 때 이를 리모델링하여 2017년 12월 국내 최초로 '국립어린이과학관'을 새롭게 개관했다.

국립어린이과학관은 아이들이 놀이체험을 통해 쉽고 재미있게 과학을 이해할 수 있게 감각놀이터, 상상놀이터, 창작놀이터 등 3개의 테마 놀이터로 구성되어 있다. 아이들에게 놀이체험은 창의적 문제해결 능력을 키워 주고 남을 배려하는 사회성과 언어구사 능력을 향상시켜 주며 신체적 · 감성적 · 인지적 발달에 매우 커다란 영향을 미친다.

감각놀이터는 오감(五感) 체험을 통해 두뇌활동과 신체활동을

2017년 말 새롭게 단장하여 개관한 국립어린이과학관

하며 협동심, 배려심 같은 능력을 향상시킬 수 있게 짜여 있다. 미취학 유아들이 부모와 같이 놀이를 즐길 수 있는 공간도 있으며, 놀고 나서 손을 씻을 수 있는 위생설비도 갖춰 놓았다.

　상상놀이터는 어린이가 다양한 방법으로 관찰하고 탐구실험을 통해 문제를 해결해 가며 스스로 답을 찾아가는 공간이다. 자연과 생물에 대한 관찰, 어린이 스스로 '왜?'라는 질문과 함께 체험을 통해 과학의 기본원리를 이해할 수 있도록 구성하였다.

창작놀이터는 어린이들이 직접 상상하고 디자인하여 나만의 작품을 만들어 봄으로써 창의성과 예술적 감각을 키우는 공간이다.

이 외에도 반구형 돔 형태의 천체투영관과 천문대 시설도 갖춰져 있어 도심 한가운데서도 천문 우주 현상을 직접 관찰해 볼 수 있다. 낮에는 태양을 관찰하고 밤에는 별자리에 대한 설명과 함께 주요 행성과 별들을 고배율 망원경으로 직접 관찰하면서 사진 촬영까지 해 볼 수 있는 프로그램을 운영하고 있다.

어린이과학관은 개관 이후 지금까지 도심 속 어린이 과학 놀이터로 큰 사랑을 받아 늘 붐빈다. 이러다 보니 충분한 체험시간과 관람 만족도를 위해 적정 관람 인원을 정해 놓고 '인터넷 사전 예약제'로 운영하고 있다. 특히 장애아동을 위해 설계 단계부터 유니버설 디자인(Universal Design) 개념을 적용하여 누구나 편리하게 이용할 수 있다. 그리고 소외계층과 장애아동을 위한 특별 프로그램을 운영함으로써 사회적 가치를 실현하는 데도 적극적이다.

국내 최초로 건립된 유아 및 저학년 어린이 전용 '국립어린이과학관'이 높은 호응을 받으며 성공을 거두자 정부는 대전, 대구, 광주, 부산에도 어린이과학관 건립을 추진하고 있다. '국립어린이과학관'이 선구적 모델이 되어 전국 주요 도시에 어린이과학관을 늘리는 촉매 역할을 한 것에 대해 큰 자부심을 느낀다.

세계적 현상이긴 하나 코로나로 인해 외부활동이 제한되고 정상적인 학교생활이 어려워지면서 가장 큰 피해를 보는 계층은 어린이와 학부모가 아닌가 싶다. 집에 있는 날이 지속되고 친구들과의 만남과 놀이가 제한되면서 그에 따른 부작용이 늘어나고 있기 때문이다. 하루빨리 정상을 회복하여 아이들이 즐거워하며 시끌벅적 웃음 가득한 어린이과학관 본래의 모습으로 돌아오기를 소망한다.

나아가 우리나라도 선진국처럼 어린이들이 마음껏 놀며 꿈을 펼칠 수 있도록 동네 곳곳에 '어린이들이 행복한 과학 놀이터'를 많이 만들었으면 좋겠다.

■ 국립어린이과학관 개관까지의 뒷이야기

2017년 9월 과학기술정보통신부는 수년째 추진해 오던 국립어린이과학관 건립사업을 과천과학관이 맡아서 공사를 마무리하고 개관하도록 했다.

이 사업을 인수받고 보니 당초 계획보다 공사 진도가 많이 늦어져 있었는데, 문제는 2017년 12월 말까지는 무슨 일이 있어도 과학관을 개관해야 하는 절박한 상황이었다. 그해 7월 부임한 유영민 장관도 공사 일정이 걱정되어서인지 가끔 현장에 들러 진척 상황을 확인하기도 했다.

담당 직원들은 먼지나는 공사현장에서 근로자들을 독려하며 주말도 없이 열심히 일했다. 과학관 부지가 창경궁 궁궐터에 속해 있어서 크고 작은 사항을 변경할 때는 문화재청의 변경 허가를 받아야 했고, 건물 옥상 마무리 슬라브 지붕 공사를 할 때는 서울시내에 레미콘 품귀 현상이 벌어져 백방으로 뛰어다니며 해결했다.

연말까지 공사 마무리와 함께 중요한 것은, 다음해 1월부터 과학관을 운영할 수 있게 준비하는 것이었다. 과학관을 운영하려면 전문인력이 필요한데 확인해 보니 정원이 확보되어 있지 않았다. 긴급하게 행정안전부를 찾아가 필요한 정원을 어렵게 확보했으나, 그 인력에 대한 인건비를 내년도 정부예산안에 반영시켜야 하는 문제가 또 불거졌다. 이미 내년도 정부예산 심사는 상임위 단계를 지나 국회 예결위에서 한창 심사 중이었다. 과학관의 중요성을 잘 이해하는 예결위 국회의원을 통해 간신히 내년도 과학관 전문인력 인건비와 전시장 위탁운영비 예산을 반영할 수 있었다.

이러한 우여곡절을 거쳐 개관한 국립어린이과학관은 개관 초기부터 도심 속 과학 놀이터로서 어린이와 부모님들의 폭발적인 사랑을 받았다. 수많은 어려움에도 불구하고 국립어린이과학관을 당초 계획대로 개관하는 데 혼신을 다해 준 이정구 관장, 박영주 사무관, 어윤호 연구사에게 감사드린다.

국립어린이과학관

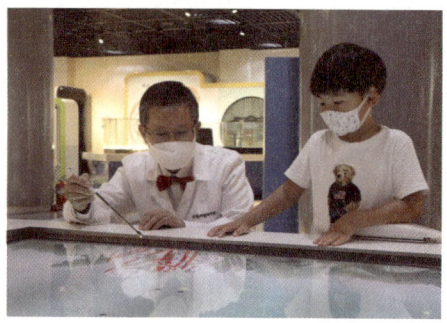

국립어린이과학관

국립과천과학관을 리모델링하다

개관 10년 된 국립과천과학관은 전시관 리모델링을 마무리하고 4차 산업혁명시대를 준비하는 최첨단 과학관으로 거듭났다. 이곳에서 4년간 근무하며 우리나라 미래를 이끌 과학인재를 육성하고 국민들이 일상생활 속에서 과학문화를 즐길 수 있는 과학관으로 만든 것은 공직 생활 중 커다란 보람이었다.

국립과천과학관은 과학과 국민이 만나는 최일선 과학문화시설이며, 코로나 이전에는 연간 200만 명 이상의 관람객이 찾던 국내 최대 규모의 종합 과학관이다. 미래인재들이 과학에 대한 창의력과 상상력을 키우는 과학교육의 장(場)이면서도, 국민들이 일상생활 속에서 과학문화를 즐기는 과학문화 체험 공간이다.

나는 2017년 8월 과천과학관에 부임하여 4년간 근무하며 과학관 전시분야와 조직관리 운영분야 개선에 최선을 다했다.

과학관 전시분야에서는 상설전시관을 대대적으로 리모델링하여 다양한 전시 해설프로그램을 도입하고, 수요자 중심의 과학

교육 개편, 풍성한 과학문화 행사, 온라인 과학관 프로그램 확대, 사회배려계층 대상의 과학문화 나눔사업, 국내 과학관 및 지역사회 자원들과의 협력에 힘썼다. 특히 서울 종로구 소재 국립어린이과학관을 건립하여 개관했다.

과학관 조직관리 운영분야에서는 약 200명에 달하는 전시관 직원을 정규직으로 전환했으며, 기본과 원칙에 충실한 조직관리, 공정한 인사원칙과 성과평가, 소통 및 직언할 수 있는 조직문화 조성, 그리고 국민을 위해 봉사하는 합리적인 노사문화를 정착하는 데 노력했다.

■ 첨단 IT 전시기법으로 새롭게 리모델링한 상설전시관

'자연사관'은 우주와 원소, 태양계와 지구, 최초의 생명체 출현에서부터 현재의 다양한 생물에 이르기까지 138억 년의 역사를 탐구해 볼 수 있게 꾸몄다. 진품인 거대 공룡 화석, 세계 최대의 종려나무잎 화석, 아르헨티나 산 45kg 철 운석을 포함해 다양한 전시물을 고화질 대형 영상, 미디어 파사드, 증강현실(AR) 등 첨단 IT 전시기법을 활용하여 생동감 있게 연출했다.

'미래상상SF관'은 100년 후 미래 세상의 모습과 함께 4차산업의 주요 핵심 기술인 인공지능, 로봇, 생명과학 분야를 체험할 수 있는 전시품을 설치해 관람객들의 이해를 돕도록 했다. 마치 커다란

아주경제　　2017년 10월 26일 목요일 021면 피플

30억원으로 138억년을 담은 남자

최호권 국립과천과학관 전시연구단장

[사진=국립과천과학관 제공]

2580㎡ 규모 대폭 리모델링… 4곳으로 우주·지구史 그려내

"국립과천과학관의 자연사관은 우주와 지구, 생명의 탄생에서부터 현재의 다양한 생명에 이르기까지 138억년의 역사를 탐구해 볼 수 있는 곳입니다."

최호권 국립과천과학관 전시연구단장(사진)은 25일 국립과천과학관에서 새롭게 리모델링되는 자연사관에 대해 강어 설명했다. 과천과학관의 자연사관은 2580㎡(781평) 규모에 약 30억원의 예산이 투입, 총 5개월의 공사를 거쳐 내달 1일 새롭게 개관된다.

과천과학관 자연사관은 △탄생의 장(자연사 탐구의 목적과 함께 우주의 원소, 태양계와 지구, 생명의 탄생을 전시) △진화의 장(생명탄생 이후 선캄브리아 누대에서 신생대까지 고생물과 인류의 진화를 지질시대 흐름에 따라 전시) △생명의 장(현생 생물과 생태환경의 다양성을 동물 표본, 산호수족관과 함께 대형 미디어 영상으로 전시) △탐구의 장(과학의 발전을 통해 밝혀진 생명의 진화를 추론해보는 탐구·체험형 전시 등 4개 장으로 구성됐다.

최 단장은 "리모델링된 자연사관은 기존 단순 전시물 나열에서 벗어나 고화질의 와이드 영상, 미디어파사드, 증강현실(AR) 등 새로운 정보통신(IT) 기법을 적용했다"며 "스토리가 생동감, 전시물의 가치를 확인할 수 있도록 개선하는 데 초점을 뒀다"고 설명했다.

실제 자연사관의 세계 최대의 초거

나뭇잎 화석의 경우 미디어파사드(건물 외벽에 LED 조명을 비춰 영상을 표현하는 기법)를 통해 실제 크기(가로 2.4m·세로 4.3m)의 초거 나뭇잎 화석을 발굴하기까지의 과정을 담은 영상을 보여준다. 이와 함께 '탄생, 모든 것들의 시작'을 주제로 한 4K급 3면 와이드 영상은 빅뱅을 시작으로 물질의 탄생, 초신성 폭발, 태양계와 지구의 탄생, 생명의 시작에 이르기까지의 상황을 시간의 흐름에 따라 전하고 있다.

최 단장은 "자연사의 흐름을 중심으로 전시물 관람에 집중할 수 있도록 46억년 지구의 역사를 24시간으로 표현했고, 전시 재배치 및 조명 연출 개선으로 개방형 공간을 조성했다"고 강조했다.

또 자연사관 생명의 장에 위치한 '산호 수족관과 연결된 디지털 수족관에서는 근해에서 심해에 이르는 해양생태계를 몰입감있게 보여준다.

최 단장은 "살아있는 지구, 생동감 있는 지구의 모습을 어디서든 볼 수 있도록 'S.O.S(Science On a Sphere)' 전시물로 개관했다"며 "이와 함께 라이브 진화센터와 탐구교실 등의 체험공간을 통해 과학의 발전과 생명의 진화를 추론해 볼 수 있다"고 밝혔다.

한편 과천과학관은 오는 31일부터 11월 5일까지 미래 과학기술을 만날 수 있는 축제의 장인 'SF 2017'을 개최한다. 올해는 영화, 만화 등 다양한 국내 SF 콘텐츠가 소개된다.

신희강 기자 kpen@

30억 원으로 138억 년을 담은 남자

개의 모습과 흡사한 '4족 보행 로봇'이 네 발로 과학관 안을 돌아다니면 아이들이 로봇에서 눈을 떼지 못하고 졸졸 따라다닌다. 딥러닝(Deep Learning) 등을 체험하고 학습할 수 있는 인공지능 전시품과 함께 크리스퍼 유전자 가위를 활용하여 DNA를 편집하는 전시품도 새롭게 도입하였다.

'유아체험관'은 3세~7세 미취학 유아들의 호기심과 상상력을 자극할 수 있는 창의감성 놀이공간으로 새롭게 단장했다. 유아의 발달 및 성장 과정에 맞춘 신체활동과 오감 자극 놀이공간이면서, 어린이들의 감각과 사고가 통합적인 활동으로 이어질 수 있는 신개념 과학 놀이터여서 워낙 인기가 많아 예약제로 운영하고 있다.

'과학탐구관'은 물리, 화학, 생물, 지구과학 등 기초과학 분류 대신에 빛, 공기, 물, 땅 등 우리 생활 속 자연현상을 주제로 관람객들이 스스로 질문하고 관찰하면서 과학의 원리를 깨닫고 해답을 도출해 내는 체험형 콘텐츠로 리모델링했다. 인공번개를 만들어 내는 테슬라 코일, 거대한 소용돌이가 만들어지는 토네이도 장치, 지진 체험, 태풍 체험 시설과 함께 다양한 과학원리 체험 콘텐츠로 꾸몄다.

'첨단기술관'은 항공·우주·에너지 분야의 최신 과학기술과 원리를 실감나게 체험해 볼 수 있게 꾸몄다. 드론의 구조와 비행원리 등을 알 수 있는 전시품과 함께 드론 시뮬레이터를 통해 직접 조종해 보는 체험 코너도 만들었다. 인공위성이나 우주선을 싣고 이들을 우주공간으로 보내는 한국형 우주로켓(KSLV) 발사 체험도 할 수 있다.

'한국과학문명관'은 우리나라 전통문화를 꽃피운 과학기술을 만나볼 수 있는 공간이다. 문명을 구성하는 정치, 경제, 복지, 문화예술, 군사분야에서 중요한 토대가 된 우리 조상들의 우수한 과학기술을 최첨단 전시기법을 활용해 체험해 볼 수 있도록 전면 개선했다. 국내 학생뿐만 아니라 외국인 학교 학생, 외국인 회사 주재원 가족, 외국인 관광객들도 즐겨 찾는 명품 전시관이다.

■ 과학교육과 과학문화행사

과학교육 분야에서는 학생·청소년, 학부모, 어르신 등 다양한 대상에 맞는 교육프로그램을 개발하여 온라인·오프라인으로 제공했다. 학교 과학교육을 연계, 보완하는 실험실습 프로그램이나 중학생 자유학기제를 지원하는 주제탐구형, 진로체험형 교육 프로그램을 개발하여 과학적 사고력과 창의력을 가진 미래인재 양성에 노력했다.

코로나 시기에는 과학실험 교구 세트를 미리 집으로 발송하고 과학관 유튜브에 수업 동영상을 올리거나 줌(Zoom)을 활용하여

자연사관

우주과학문명

미래상상SF관

유아체험관

과학탐구관

첨단기술관

한국과학문명관

실시간 온라인 수업을 진행하기도 했다.

또 학부모와 성인들의 과학에 대한 수요에 부응하기 위해 시의성 있는 과학 이슈, 생활과학 상식, 미래 직업분야 등을 주제로 학부모 과학아카데미를 운영하였다.

고령화 사회의 어르신들을 대상으로 청춘과학대학을 운영하여 건강과학, 전통과학, 생활과학 분야의 과학적 소양 함양과 함께 온라인 디지털 사회에 적응할 수 있도록 돕는 프로그램도 운영했다.

장애학생들의 과학교육을 지원하기 위해 시각장애인용 별자리 점자 퍼즐을 개발하고, 청각장애인용 과학 수어(手語) 영상을 제작했으며, 증강현실(AR)기기를 활용해 홀로그램 기반의 과학전시 해설 서비스를 운영하고 있다. 과학문화 소외지역인 울릉도 등 도서벽지 학교와 인터넷으로 연결해 온라인 원격 과학수업을 진행하거나 DMZ 접경지역, 지방의 다문화센터를 찾아가서 과학문화 나눔사업을 활발하게 펼치기도 했다.

과학문화행사는 기존의 오프라인 중심에서 벗어나 코로나19 이후에는 유튜브, 줌 등 다양한 플랫폼을 활용한 온택트 과학축제 형태로 개최했다. 온라인 과학송 경연대회, 온라인 미래과학자 미술대회, 온라인 대중과학강연, 온라인 천문우주 이벤트 중계 등을 통해 전국에서 국민들이 과학문화행사에 참여하고 즐기는 온라인 과학관으로 운영하였다.

국립과천과학관에서 4년간 근무하면서 우리나라의 미래를 이끌 과학인재 육성과 국민들이 일상생활 속에서 즐기는 문화로서의 과학관을 만드는 데 이바지할 기회를 갖게 된 것은 공직 생활 중 커다란 보람이었다. 코로나 이전에 연간 200만 명 이상의 국민들에게 과학문화 서비스를 제공하는 데 열정을 다 바친 과천과학관 동료 직원들에게 감사드린다.

 개관 10년이 흐른 과천과학관은 지난 몇 년간의 전시관 리모델링을 마무리하고 4차 산업혁명시대를 준비하는 최첨단 과학관으로 거듭났다. 코로나19 이후에는 과학관을 찾아오는 관람객만을 대상으로 서비스를 제공해 온 그간의 운영방식을 바꿔 사이버 과학관, 온라인 과학관으로의 변신에 적극 노력하였다. 이를 수행하기 위해 직원들 스스로 과학 동영상을 만드는 데 필요한 미디어 제작 교육프로그램을 만들어 역량 향상에 힘썼다.
 이러한 노력으로 지방이나 원거리 지역에서도 온라인을 통해 시간적·공간적 제약을 뛰어넘어 과천과학관의 과학문화 콘텐츠를 함께 참여하고 즐기는 열린 과학관으로 만들 수 있었다.
 앞으로도 과천과학관이 온라인과 오프라인을 넘나들면서 우리의 미래세대와 국민들이 4차 산업혁명시대를 준비하고 이끌 수 있도록 최선을 다해 주기를 기대한다.

▲ 드론 배틀 ▼ 별난 공간

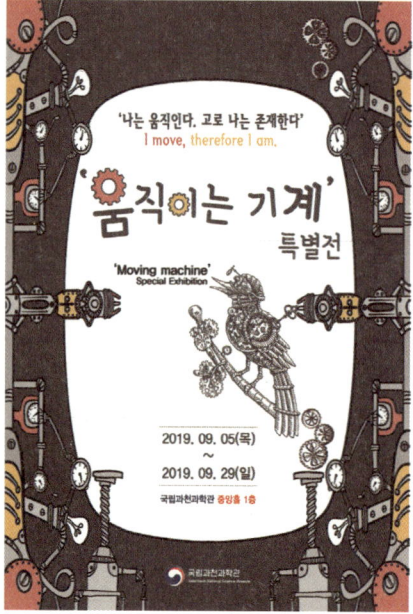

코로나 시대, 온라인 과학교실

국립과천과학관은 코로나 시기에도 온라인 기술의 장점을 적극 활용하여 비대면으로 수준 높은 과학교육 서비스를 제공하고, 학생들이 과학실험이나 체험을 직접 해 볼 수 있게 과학교육 키트를 집으로 배달하는 등 온라인 과학교육의 한계를 극복하고자 했다.

2019년 말에 발생한 코로나19 바이러스의 확산은 과학관 운영에도 큰 변화를 가져왔다. 국립과천과학관도 정부의 방역 지침에 따라 문을 닫고 운영을 중단한 뒤 재개관하는 일을 반복해야만 했다.

연간 200만 명 이상이 찾던 과학관은 텅 비었고, 그동안 과학관에서 직접 대면방식으로 진행해 오던 과학실험, 체험교실 운영도 중단할 수밖에 없었다. 초·중학교 수업도 집에서 온라인 교육으로 전환하면서 미래세대를 위한 과학교육도 심각한 학력 저하에 직면하고 호기심 많은 학생들의 과학탐구 욕구를 충족시켜 줄 수 없는 심각한 상황에 이르게 되었다.

수업을 하면서 궁금한 점이 생기면 바로 나와서 질문하고 소통합니다.

원격 과학교실

이때 과천과학관은 우리나라가 세계 최고 수준의 인터넷 인프라를 갖추고 있는 점에 착안하여 온라인 과학교육 시스템으로 전환해 이전에 없던 새로운 개념의 과학교육 서비스 모델을 만들어 내기로 했다.

첫째, IT기술을 활용한 비대면 온라인 과학교육 프로그램을 기획 추진하였다.

참여 학생들과 실시간 화상 수업을 진행하는 방식은 물론 과학 콘텐츠를 온라인으로 구독하는 등 다양한 방식을 적용했다. 아울러 이들 방식을 혼합한 형태도 시도하였다. 디지털시대의 필수 언어인 코딩교육도 온라인으로 지원하고, 초등학교 저학년 대상으로는 매월 주요 과학 주제를 정해 놀이와 학습이 융합된 과학콘텐츠를 만들어 구독하도록 했다. 그동안 온라인 과학교실은 주로 줌 프로그램을 활용하여 진행해 왔으나, 앞으로 제페토(Zepeto), 게더타운(Gather town) 같은 메타버스 플랫폼을 활용하여 다양한 온라인 과학교육 프로그램도 제공할 것이다.

둘째, IT기술의 연결성을 통해 국내외에 과학교육 서비스를 제공하였다.

오프라인 시절에는 과학관을 직접 방문해야만 교육에 참여할 수 있었지만, 온라인 시대에 원격 과학교실을 도입함으로써 서울, 경기 수도권 지역이 아닌 전국의 학생들도 지역적 한계를 극복하고

온라인 과학교실 유튜브 촬영

과천과학관의 과학교육 서비스를 받을 수 있게 하였다. 2021년 8월에는 인도의 초등학교와 연결하여 두 차례 과학수업을 진행하기도 했다. 또한 국공립과학관, 사립과학관, 과학기술을 연구하는 정부 출연 연구기관들을 온라인으로 연결하여 다양하면서도 통섭적인 교육프로그램을 제공하였다.

셋째, 과학실험 키트(Kit) 배달을 통한 온라인 수업의 한계를 보완하였다.

과학교육은 이론과 지식도 중요하지만 이에 못지않게 학생들이 직접 실험을 하거나 만들어 보면서 관찰하고, 상상하고, 연결하고, 추측하는 등의 과정을 통해 과학적 사고와 문제해결 능력을 높이는 것이 중요하다.

코로나 시대에 온라인 교육이 대세가 되면 될수록 역설적으로 과학교육에서는 학생들이 직접 체험하고 실험해 보는 오프라인 교육이 더욱 필요해진다. 이런 점에서 과학실험 키트를 집으로 배달하여 직접 따라해 보도록 하는 교육방식은 온라인 과학수업의 한계를 보완해 주는 좋은 방법이었다.

넷째, 저소득층, 장애인 등 소수자에 대한 온라인 과학교육을 강화하였다.

코로나 이전 시기에는 저소득층 자녀와 장애인 학생들을 과학관으로 초청하여 과학문화 서비스를 제공했는데, 코로나 이후에 이를 온라인 형태로 바꾸었다. 특히 과학 수어를 통해 장애인 학생들의 과학지식에 대한 접근성을 한 단계 높여 주는 등 과학교육 사각지대에 놓인 사회적 소수계층에게 맞춤형 과학교육 프로그램을 제공함으로써 사회적 가치 실현에 노력하였다.

이처럼 국립과천과학관은 코로나 시기에도 과학교육 서비스 제공을 위한 노력을 멈추지 않았다. 온라인 기술의 장점을 적극 활용하여 비대면으로 수준 높은 과학교육 서비스를 제공함과 동시에, 학생들이 간단한 과학실험이나 체험을 직접 해 볼 수 있도록 과학교육 키트를 집으로 배달하는 등의 방안을 통해 온라인 과학교육의 한계를 보완하고자 노력했다.

 온택트 시대! 미래세대의 과학교육에 매진하고 있는 국립과천과학관이야말로 과학 강국, 미래 과학인재 육성에 크게 이바지하고 있다.

안창남과 항공·우주의 꿈

암울한 식민지 시절 온갖 역경을 딛고 도전한 청년 비행사 안창남이 흘린 땀과 불굴의 도전정신은 우리나라 항공·우주 분야 발전의 초석이 되었다. 1903년 라이트 형제의 비행기가 나온 지 불과 20년 만에 조선의 하늘을 날았던 안창남, 인류 최초의 우주인 유리 가가린, 우리나라 최초의 우주인 이소연 박사를 보면서 우리 청소년들이 우주를 향해 원대한 꿈과 희망을 품고 도전하기를 기대해 본다.

우리나라 최초의 비행장은 일제가 1916년부터 서울 여의도에 건설했던 '여의도 비행장'이다. 일제의 간이 비행장 건설은 표면상으로는 민간 항로 개설에 사용한다는 명분이었으나, 실제로는 중국 대륙 침략의 교두보로서 한반도에 유사시 사용할 비행장이 필요했기 때문이다.

1916년 여의도에 활주로와 격납고 시설을 갖춘 간이 비행장을 건설한 일제는 이후 근대 과학의 힘으로 우리나라 국민을 압도하려는 목적에서 외국인, 일본인 비행사의 비행 시범 행사를 종종 개최하였다.

안창남

그러던 중 1922년 12월 10일 동아일보 주선으로 조선의 청년 비행사 '안창남(1901~1930)'이 모국 방문 비행 시범을 선보였다. 이는 식민지 시대 우리나라 젊은이들이 민족적 차별과 열악한 환경 속에서도 푸르른 창공을 맘껏 날아오르는 꿈을 포기하지 않았던 결과라 할 수 있다. 엄밀히 말하면 독립 쟁취와 민족의 자존심을 불태우려는 의지의 발로였으며, 안창남의 이날 비행 시범은 우리 젊은이들은 물론 민족에게 크나큰 자부심을 안겨 주는 동시에 여의도 비행장을 전 국민에게 널리 알리는 계기가 되었다.

안창남은 1901년 서울 종로구 평동에서 태어났다. 그런 그가 비행기에 관심을 갖게 된 것은 16세 때 일로, 1917년 9월 서울 용산에서 열린 미국인 아트 스미스의 곡예 비행을 본 것이 결정적 계기였다. 그전부터도 비행기에 관심을 가져온 그는 이 경험을 계기로 비행기 조종사가 되기로 마음먹었다. 이후 1920년 11월 일본 오구리 비행학교를 졸업하고 이듬해 5월에 일본 민간비행사 시험에 1등으로 합격했다. 한 달 후에는 지바에서 열린 민간항공대회에서 2등으로 입상하는 등 두각을 나타냈다.

그의 이름이 국내에 점점 알려지기 시작하자 같은 해 7월, 동아일보는 '신(新)비행가 안창남, 금년 20세의 조선 청년'이라는 제목으로 그의 활동을 크게 소개하였다. 그 후 국민들 사이에서 안창남을 직접 보고 싶어 하는 열망이 일었으며, 이런 움직임에 주목한 동아일보는 1922년 12월 10일 '안창남 모국 방문 비행회'를 주최하겠다고 신문기사를 통해 공표하였다.

드디어 안창남은 12월 5일 국민들의 대대적인 환영을 받으며 서울에 도착했다. 당시 3·1운동 이후 허탈감에 빠져 있던 우리 민족을 다시 한 번 자각시키기 위해 동아일보가 추진한 역사적인 '안창남 모국 방문 비행회'는 12월 10일에 이루어졌다.

■ **독립의 염원 안고 조국의 하늘을 난 안창남**

이날 안창남은 비행기 전체를 오색영롱하게 채색하고 몸통 외벽에 한반도 지도와 '금강호(金剛號)'라 새겨 넣은 영국제 뉴포트 단발쌍엽(單發雙葉) 1인승 비행기를 타고 여의도 간이 비행장을 이륙하였다. 동선(動線)은 남산을 돌아 창덕궁 상공에서 순종에게 경의를 표한 뒤, 서울을 일주하여 다시 여의도로 돌아오는 단독

안창남의 비행기 '금강호'

곡예 비행이었다. 당시 서울 인구의 1/6인 5만여 명의 인파가 여의도 한강변 백사장에 모여 환호하며 관람하였으며, 일제에 나라 잃은 설움에 빠져 있던 국민들에게 뿌듯한 위안과 기쁨, 희망을 선사하였다.

안창남은 비행 중에 '과학기술(科學技術) 발전에 힘쓰자'라는 제목의 전단지 1만여 장을 공중에서 뿌리기도 했다. 식민지시대 조국을 잃은 국민들에게 우리 민족이 세계 문명의 발전에 뒤처져서는 안 된다고 분발을 촉구하는 조국의 영웅, 청년 비행사의 메시지였던 셈이었다.

그의 모국 방문 비행회가 대성황을 이루자 〈떴다, 보아라! 안창남 비행기〉라는 노래가 전국에 유행하였다. 그리고 많은 청소년들에게 비행사의 꿈을 갖게 하는 기폭제가 되어 1922~1930년까지 일본에서 비행사 자격증을 딴 조선 청년은 여류 비행사를 포함하여 약 20명 정도가 되었다.

평소 주권을 잃은 민족의 울분을 갖고 있던 안창남에게 새로운 전기가 찾아왔다. 일본인들은 1923년 관동 대지진으로 많은 한국인을 학살하는 만행을 저질렀는데, 이를 계기로 안창남은 1924년 자신의 뛰어난 비행기술을 독립운동에 바치기로 결심하고 중국 상하이로 망명, '대한독립공명단'에 가입했다. 그는 한국인 비행사관학교 설립과 비행기 공장 건립 등을 통해 항일투쟁을 계획하였으나, 1930년 4월 중국 산서성에서 비행 훈련 중 서른한 살의 꽃다운 나이로 생을 마감하고 말았다.

불의의 사고로 짧은 삶을 살다 간 안창남의 염원은 '조국 광복'이란 원대한 꿈이었다. 그의 일생을 관통한 화두였던 것이다. 이런 기록은 1992년 12월 '모국 방문 비행회' 직후인 1923년 1월 1일 발행된 《개벽》 31호 잡지에 게재된 〈공중에서 본 경성과 인천〉이라는 그의 글이 잘 말해 주고 있다.

경성(京城)의 하늘! 경성의 하늘! (…)
이 하늘에 내 몸을 날리울 때 내 몸은 그저 심한 감격에 떨릴 뿐이었습니다.
독립문 위에 떴을 때 서대문 감옥에서도 자기네 머리 위에 뜬 것으로 보였을 것이지만 같이 있는 형제의 몇 사람이나 거기까지 찾아간 내 뜻과 내 몸을 보아 주었을지 (…) 어떻게 지내십니까 하고 공중에서라도 소리치고 싶었으나 어떻게 하는 수 없이 그냥 돌아섰습니다. (…)

정부는 그의 애국애족의 독립운동 정신을 높이 기려 2001년 8·15광복절 기념식에서 '건국훈장 애족장'을 수여하였다.

■ 안창남 이후

안창남이 고국 방문 비행을 펼쳤던 여의도 비행장은 1945년 해방 이후 김구 주석 등 해외 독립투사들이 귀국하는 장소가 되었다. 또 건국 직후인 1949년 10월 1일에는 1,600여 명의 공군 병력과 경항공기 20여 대로 대한민국 공군이 창설된 곳으로 우리나라 최초의 비행단 부지였다.

1971년 폐쇄되기 전까지 20여 년 동안 공군의 최전방 기지로 운영되었으며, 1953년 국제공항으로 승격되었다. 이후 1958년 1월 민간공항 기능이 김포국제공항으로 이전되고, 1971년 2월 서울공항이 만들어지며 공군기지가 폐쇄돼 여의도광장으로 이용되다 여의도공원이 조성돼 오늘에 이르고 있다.

암울한 식민지 시절 온갖 역경을 딛고 도전한 청년 비행사 안창남이 흘린 땀과 불굴의 도전정신은 우리나라 항공·우주 분야 발전의 초석이 되었다. 안창남의 고국 방문 비행 이후 여러 명의

인류 최초의 우주비행사 유리 가가린

여성 비행사도 배출되었는데, 우리나라 최초 우주인으로 선발된 이소연 박사가 여성인 것도 이러한 역사적 전통과 맥락이 닿아 있다.

2018년 4월 과천과학관에 근무할 때 이소연 박사를 초청해 대중강연을 열었다. 이 박사는 2008년 4월 러시아 우주선 소유즈를 타고 220km 지구궤도에 진입한 뒤 국제우주정거장(ISS)에 도킹해 10일간 과학실험을 수행한 경험을 청소년들에게 흥미진진하게 들려주었다. 또한 인류 최초의 우주인 '유리 가가린'의 흉상을 러시아 국제자선공공재단 측으로부터 무상 기증받아 과천과학관 항공우주 코너에 설치하기도 했다.

오늘날 항공·우주분야의 발전과 경쟁은 눈부시고 치열하다. 1903년 라이트 형제의 비행기가 나온 지 불과 20년 만에 조선의 하늘을 날았던 안창남, 인류 최초의 우주인 유리 가가린, 우리나라 최초의 우주인 이소연 박사를 보면서 우리 청소년들이 우주를 향해 원대한 꿈과 희망을 품고 도전하기를 기대해 본다.

국립과천과학관 스페이스월드

비정규직의 정규직 전환 이야기

국립과천과학관에서 4년 근무하는 동안 비정규직 직원의 정규직 전환 채용, 노조 출범과 합리적인 노사문화 조성, 공무원과 현장근무 직원 간의 차별적 요소를 개선하여 원팀으로서 업무 시너지를 높이고자 노력하였다. 그리고 과학관은 국민을 위해 존재하는 기관이고 국민에게 과학문화 서비스를 제공하는 국가기관 근무자라는 자긍심과 책임감을 잊지 않도록 강조하였다.

2017년 8월 과기정통부 국립과천과학관장 직무대리로 발령이 났다. 예전에 국가과학기술위원회에 근무한 경험이 있어 그리 낯설진 않았지만, 전임 관장이 산하 공공기관으로 자리를 옮겨 공석으로 있었기에 부임하자마자 산적한 문제들이 기다리고 있었다.

우리나라 최대 규모인 국립과천과학관 운영 인력은 국가공무원과 민간위탁업체 직원으로 이원화되어 있었다. 즉 80명의 국가공무원이 과학전시, 과학교육, 과학문화 분야 정책 수립을 담당하고, 민간위탁업체 소속 194명의 직원이 전시관 현장과 시설관리 분야를 담당하는 구조였다.

■ 정부의 정규직 전환정책

2017년 5월에 취임한 문재인 대통령은 취임 다음 날 인천공항공사를 방문하여 '공공부문의 비정규직 근로자 제로정책'을 추진하라고 첫 지시를 했다. 그러자 정부는 7월에 후속 조치로 '공공부문 비정규직 근로자의 정규직 전환계획'을 발표하였다. 당연히 모든 중앙부처, 지방정부, 공공기관 등에서는 이를 추진하는 것이 긴급 현안 업무가 되었다.

정부의 정규직 전환정책의 주요 내용은 민간회사 소속 위탁근로자를 2018년부터 국가기관이 단계적으로 직접 고용 방식으로 전환하라는 것이었다. 이렇게 함으로써 '고용 안전과 대국민 서비스 질 향상'이라는 양대 목표를 달성하려는 데 있었다.

정부의 방침에 따라 과천과학관도 '정규직 전환 협의기구'를 구성하여 본격적인 업무 추진에 착수하였다. 협의기구 위원은 직종별 직원 대표, 노무사, 변호사 등 민간전문가 그리고 과학관 공무원으로 구성하였다.

나는 2017년 10월부터 2018년 12월까지 '정규직 전환 협의기구' 위원장을 맡아 전환 대상자, 전환 방식, 임금체계, 정년 등 주요 쟁점 사항에 대해 합리적이고 공정한 합의안을 이끌어 냈다. 이 과정에서 충분한 토론과 의견을 개진할 기회를 부여하여 절차적 정당성을 확보하고자 노력했다.

정규직 전환 대상은 8개 직종 194명으로 2년에 걸쳐 단계적으로 추진하기로 결정하였다. 직원 대표들은 정년을 더 연장해 줄 것을 요구하였으나 정부 지침대로 만 60세로 정하고, 다만 고령친화 직종인 환경미화, 방호 직종에 대해서는 만 65세까지 정년 연장 요구 사항을 과기정통부에 건의하는 것으로 합의하였다.

임금체계에 대해서는 호봉제 대신 업무의 난이도, 근무환경, 책임의 정도를 고려하여 임금을 결정하는 직무급제를 도입하기로 하고 채용 시기에 맞춰 개인별 근로계약을 체결하도록 했다.

채용 방식은 공정채용방식을 채택하였는데 1단계로 기존 위탁업체 직원만을 대상으로 면접시험을 보는 제한경쟁 절차를 거치도록 하였고, 2단계로 탈락자가 생기거나 공석이 있는 경우에는 대내외 공개경쟁방식으로 채용하기로 합의하였다.

이러한 공정채용방식은 단순히 공문서 한 장을 기안(결재)하여 기존 근무 직원 전체를 일괄적으로 전환하는 방식이 아니라, 전환을 희망하는 직원들의 지원 신청을 받아 개인별로 면접시험을 거쳐 이를 통과한 지원자들에 한해 전환 채용하는 방식이었다.

이와 같은 절차를 거쳐서 뽑힌 직원들은 국가기관의 면접채용 절차를 당당하게 통과한 사람들이다. 그러니 기존 민간위탁회사에서 뽑은 사람들이란 말을 더 이상 듣지 않게 되었다. 한마디로 국가기관의 인사채용 절차를 통해 정규직 전환이 되었기에 각자가 국가기관 근무자라는 자존감과 자긍심을 갖는 계기가 되었다.

■ 노사 협상을 이뤄 낸 보람

이렇게 비정규직의 정규직 전환 업무를 큰 갈등 없이 성공적으로 마무리한 이후 직원들이 노조를 결성하였다. 2018년 9월 정규직 전환 직원의 약 55%가 민주노총 소속의 국립과천과학관 노조(분회)를 설립하였다. 노조가 설립되면 단체협약과 임금협약 체결을 요구한다. 같은 해 10월부터 관장을 보좌하여 상급단체인 민주노총 지도부와 단체교섭 및 임금교섭 실무협상 과정을 지원해 이듬해 4월 단체협약을 체결하는 데 이바지했다.

2020년 1월엔 관장 직무대리로서 임금협약을 타결짓고 협약서에 직접 서명하는 조인식을 가졌다. 이렇게 노조와의 단체협약 및 임금협약이 타결되는 과정에서 노조의 교섭요구 및 교섭진행, 노사협상 결렬선언, 경기지방노동위원회에 조정신청 및 조정회의, 조정협상 결렬선언 및 노조의 합법적 파업권 획득 등 수많은 일들과 마주하며 적잖은 마음고생도 있었다.

30년 가까운 공직 생활 중 노사분야 업무는 처음이었다. 담당 직원과 함께 노동관계법을 공부하고 고용노동부와 공인노무사의 자문을 받아가며 업무를 수행하였다. 노사관계에서 가장 중요한 '취업규칙'이라는 것도 이때 처음 알게 되었다. 근로자 채용, 근로계약, 임금, 복무, 인사, 근로시간, 병가, 휴가, 임산부 보호, 육아

'조직운영 리더십'에 관한 정부의 책임운영기관 평가에서 최우수기관으로 선정

휴직, 퇴직, 퇴직급여, 표창 및 징계, 직무교육, 성희롱 예방, 산업안전 및 보건 향상, 재해보상 등 공직 입문 초년 시절처럼 열심히 배웠다.

이 가운데 긴장했던 일은 2018년 노조 출범 이후 노조 지도부가 법적 절차를 밟아 두 차례 합법적인 파업을 결의했던 때다. 실제 파업으로 이어지지는 않았지만, 파업이라는 최후의 수단보다는 대화와 타협으로 풀어야 할 사안이었다. 왜냐하면 만약 파업으로 이어진다면 그 피해는 과학관을 찾는 청소년과 일반 시민들에게 고스란히 돌아가기 때문이다.

나는 비상대책본부 본부장으로서 노사 간 대화와 교섭 분위기를 조성하는 한편, 파업 발생 시 과학관을 찾는 국민들의 관람 불편을 최소화하기 위해 사전에 조직 비상운영계획을 점검하며 대비하였다.

 이처럼 노사분야라는 새로운 업무를 접한 것은 공무원 생활 중 매우 값진 경험이었다. 무엇보다도 차별 없고 인간적인 직장문화를 조성하는 것이 매우 중요하고, 또 국민을 위해 봉사하는 협력적인 노사문화를 정착시키는 점도 절실하다는 것을 깨달았기 때문이다.
 국가공무원법이 적용되는 일반 공무원들과는 달리, 전환 채용된 직원들은 근로기준법 등 노동관계법이 적용되는 정규직 근로자 신분이다. 그래서 이들에 대한 후생복지 등 사기진작을 위해 더욱 노력하였다. 일반 공무원들 못지않게 역량발전 교육, 후생복지, 근무환경 등 차별적 요소를 최대한 줄이려 힘썼다. 특히 연가, 병가, 주 52시간 근무, 휴식시간, 퇴직연금 등 근무의욕 고취와 휴게실 등 환경개선에도 각별히 신경을 썼다.
 다만 아쉬웠던 점은 임금 인상 문제였다. 과천과학관은 중앙부처 소속기관이므로 여기에 근무하는 공무원과 현장 근무 직원들의 인건비는 기재부가 전국적으로 동일한 기준과 인상률을 정하여 이를 예산으로 편성해 국회에 제출하여 심의, 확정된다. 그래서 기재부를 방문하여 설명하는 등 과학관 자체적인 노력을 기울였으나 업무 성과와 직원들 노력만큼의 임금 인상을 반영하지 못해 늘 안타까운 마음이 들었다.

이렇듯 국립과천과학관에서 4년 근무하는 동안 나는 비정규직 직원의 정규직 전환 채용, 노조 출범과 합리적인 노사문화 만들기, 공무원과 현장 근무 직원 간의 차별적 요소를 최대한 개선하여 원팀으로서 업무 시너지를 높이고자 하였다. 그리고 직원들에게 과학관은 국민을 위해 존재하는 기관이고 국민에게 과학문화 서비스를 제공하는 국가기관 근무자라는 자긍심과 책임감을 잊지 않도록 수시로 강조하고 사기를 북돋아 주었다.

돌이켜보면 조직을 이끌어 가는 리더로서 늘 직원들과 소통하면서 쌓은 신뢰를 바탕으로 법과 원칙에 따라 모든 업무에 일관성을 유지하며 공정하고 합리적인 일처리로 모범을 보이려 노력하였으며, 스스로 많이 배우고 성찰하는 보람된 시간이었다.

국립과천과학관 미래상상SF관에서

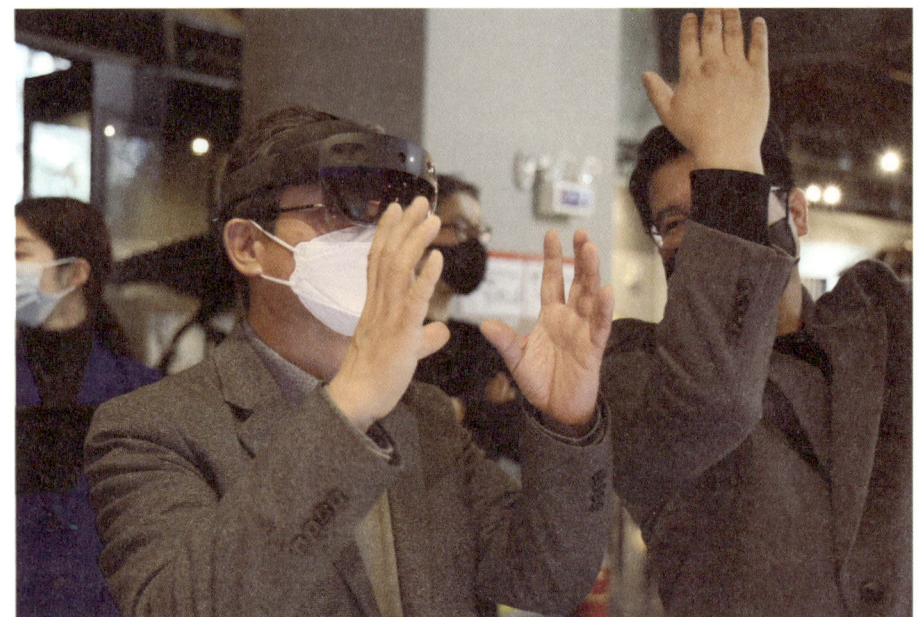
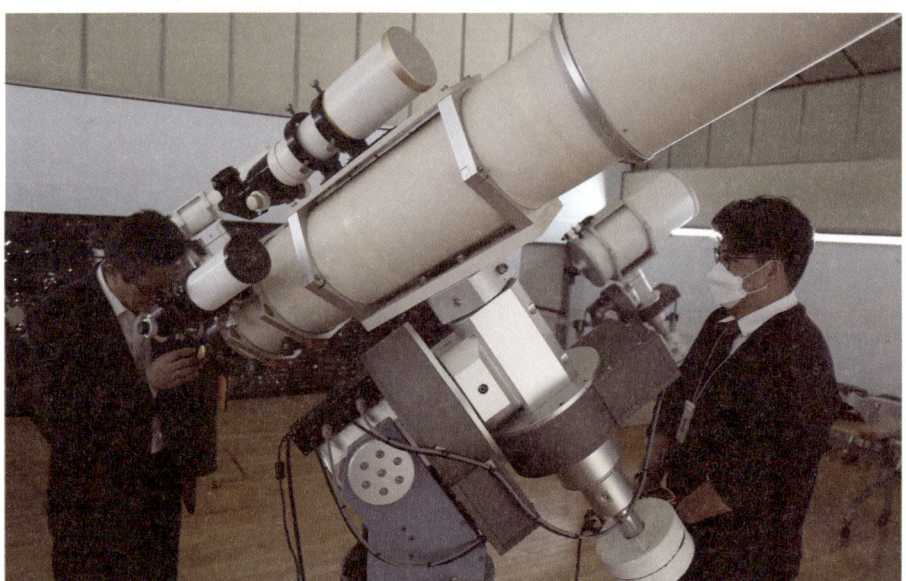

▲ 국립과천과학관 자연사관에서 VR체험
▼ 국립과천과학관 천문대에서

제3장
대한민국 총영사가 본 인도 이야기

고대부터 시작된 인도와 우리나라의 인연

대한민국 건국에 기여한 인도 대표 메논 의장

6·25전쟁과 인도의 역할

인도 '수자타 아카데미' 이야기

불가촉천민의 아버지 암베드카르

고대부터 시작된 인도와 우리나라의 인연

2천 년 전부터 인도는 우리 고대문화에 큰 영향을 끼친 불교문화의 전래와 일제 식민지 시절의 독립운동, 8·15 해방정국에서의 대한민국 정부 수립 과정, 6·25 휴전협상 마무리를 위한 포로 송환 문제 처리 등을 도우며 우리나라와 역사적 교류를 꾸준히 이어왔다.

2014년 주인도 한국대사관 총영사로 부임한 후 우리나라와 인도에 대해 관심을 가지고 공부하며 2천 년 전부터 양국 간에 많은 교류가 있었음을 알게 되었다. 두 나라가 비행기로 8시간 이상 걸리는 먼 거리임에도 서로 간의 교류는 2천 년 전 가야 김수로왕과 결혼한 인도 공주 이야기 때로 거슬러 올라간다.

이후 인도는 우리 고대문화에 큰 영향을 끼친 불교문화의 전래, 일제 식민지 시절의 독립운동, 8·15해방 정국에서의 대한민국 정부 수립 과정에 기여했으며, 6·25 휴전협상 마무리를 위한 포로 송환 문제 처리 등을 도와주며 우리나라와 역사적 교류를 꾸준히 이어오고 있다.

■ 가야 김수로왕과 국제결혼한 인도 공주

먼저 가야 김수로왕과 국제결혼한 인도 공주 이야기다. 《삼국유사(三國遺事)》에 보면 기원후 48년 아유타국(阿踰陀國)의 공주인 허황옥(許黃玉) 일행이 배를 타고 김해 앞바다에 도착하여 가락국(駕洛國)의 시조 수로왕(首露王)과 혼인하였다고 기록되어 있다. 이 때 허황옥 일행은 안전한 항해를 기원하기 위해 파사석탑(婆娑石塔)을 싣고 왔다고 한다.

허황옥 공주의 출신지 아유타국의 위치에 대해서는 몇 가지 학설이 있지만, 오늘날 인도 우타르프라데시 주(州)에 있는 '아요디아'로 추정하는 의견이 많다. 그 추정 근거는 김해와 그 주변 곳곳에 인도의 전통 유적 등 흔적이 많이 남아 있기 때문이다.

김해 파사석탑(출처 문화재청)

허왕후와 김수로왕(출처 매경프리미엄)

김해 허왕후 능(陵) 옆에는 앞에서 언급한 파사석탑으로 추정되는 돌탑이 지금도 남아 있다. 이 돌탑은 우리나라에서는 전혀 나지 않는 붉은색 사암이며, 인도 아요디아 지방에서는 흔히 볼 수 있는 돌이다. 또한 김수로 왕릉에 그려져 있는 태양 문양, 코끼리 문양, 두 마리 물고기 문양인 쌍어문(雙漁紋) 등도 인도 아요디아 지방의 사원이나 관청, 집 대문에 그려져 있는 것들이다.

또 '가야'라는 국가명은 원래 가락국(駕洛國)이었는데 어느 순간 '가야'로 바뀌어 역사책에 기록되어 있다. 이 가야에 대한 한자 표기가 加倻, 伽耶, 伽倻 등으로 역사책마다 다르게 기록되어 있어 가야라는 명칭이 외래어일 가능성을 시사하고 있다. 허왕후가 살았던 인도 아유타국은 불교국가였고 '가야(GAYA)'라는 인도 말은 '부처님이 설법하던 땅'을 의미하는 것으로 부다가야, 가야 등 지금도 인도 곳곳에 지명으로 남아 있다.

또한 역사 기록에는 허왕후가 오빠인 장유화상(長游和尙)과 함께 왔다고 되어 있는데, '화상'은 '스님'을 지칭하는 말로 독실한 불교국가인 인도 아유타국 출신일 가능성을 뒷받침하고 있다. 이 외에도 김해 예안리 가야시대 고분에서 발견된 인골(人骨)을 서울대에서 DNA 유전자 분석을 해 본 결과 몽골 북방계통이 아니라 인도 남방계 사람으로 밝혀지기도 하였다.

이상의 근거들을 종합해 보면 《삼국유사》에 기록된 아유타국은 인도에 있는 불교국가 '아요디아'일 가능성이 크다. 따라서 우리나라와 인도는 2천 년 전부터 교류가 이루어졌으며, 특히 불교의 상징인 파사석탑과 허왕후의 오빠인 장유화상이 함께 온 점에 비추어 인도에서 발생한 초기 불교가 중국을 거치지 않고 우리나라로 직접 전래된 것으로 볼 수 있다. 즉 고구려 때인 AD 372년 중국에서 건너온 순도(順道)가 불교를 전했다는 기록보다 324년이나 앞서 인도에서 직수입된 것이다.

2만5천 리나 되는 엄청난 거리를 항해한 끝에 국제결혼에 성공한 김수로왕과 허왕후. 그들 사이에는 10명의 왕자와 2명의 공주가 태어났다고 한다. 이들의 후손은 바로 우리나라에서 제일 번성한 가문인 김해 김씨와 김해 허씨 문중이 되었다.

2019년 2월 인도 나렌드라 모디 총리가 우리나라를 국빈 방문했을 때, 한국 국민 중 절반 정도는 인도 사람의 혈통이 섞여 있다고 언급하며 양국 간의 오랜 교류와 인연을 강조했다.

이러한 역사적 배경을 바탕으로 1999년 경남 김해시와 인도 아요디아는 자매결연을 맺었다. 그리고 2001년 김해 김씨 종친회원 100여 명이 인도를 방문해 아요디아 현지에서 허왕후 기념비 건립 제막 행사를 가졌다. 또 2018년 11월엔 아요디아에서 '허황옥 왕후 기념공원' 착공식 행사가 있었는데, 이 자리에 모디 총리가 직접 참석하여 축하할 정도로 인도 공주 허왕후의 스토리는 양국 간 오랜 교류와 협력의 상징이 되고 있다.

■ 불교를 통한 한국과 인도의 상호 교류

《삼국사기(三國史記)》 등에 따르면 한반도에 불교가 전해진 시기에 대해 고구려는 소수림왕 때인 AD 372년 중국의 순도(順道)와 아도(阿道)가 불상과 불경을 가져와 전했고, 백제는 침류왕 때 마라난타가 바다를 건너왔으며, 신라는 눌지왕 때 묵호자(墨胡子)가 경북 선산에서 불법을 포교했다고 기록되어 있다. 고구려에 불교를 전한 '순도'나 '아도'는 인도어로 사람 이름이 아니라 '스님'을 뜻하며, '묵호자'는 '피부색이 검은 외래인'이라는 뜻이다.

한편 고대 삼국시대에 스님들이 불법(佛法)의 본고장인 인도로 구법순례(求法巡禮)를 가기도 했는데 겸익, 혜초 등 많은 스님들의 이름이 기록에 남아 있다. 이들 가운데 백제 성왕 때 겸익은 인도를 구법순례하며 범어(梵語)로 된 원본 불경을 가지고 왔으며, 신라의 혜초스님은 4년간 인도 구법순례를 하고《왕오천축국전(往五天竺國傳)》을 저술하였는데, 이 기록이 중국 돈황석굴(敦煌石窟)에서 발견되어 지금은 프랑스 파리 국립도서관에 소장되어 있다.

이렇듯 불교를 매개로 양국 간의 인적 교류는 고려시대까지 이어졌다. 고려 말과 조선 초에 활동한 무학대사도 인도 마가다국 출신의 지공화상이 고려를 방문했을 때 그 문하에서 불법(佛法)을 배우기도 하였다.

인도에서 탄생한 불교는 고려시대까지 우리나라 고대문화에 많은 영향을 끼쳤다. 불교의 평등사상, 불살생(不殺生)의 정신과 함께 불교미술, 불교음악, 불교설화 등이 우리 전통문화와 혼합되면서 더욱 풍성하고 찬란한 문화유산을 꽃피웠다.

고구려 고분벽화에 묘사되어 있는 우리 전통악기 장구는 인도의 다이루(Dairoo)라는 악기와 흡사하다. 그리고 우리나라 전통장단인 굿거리, 휘모리, 자진모리 등도 인도의 전통악단 연주에서 발견된다. 또한 고전소설 별주부전, 고려장(高麗葬) 설화, 흥부전, 심청전 등과 아주 비슷한 이야기가 인도에 뿌리를 둔 불전설화에도 있다.

■ 독립운동 시기 우리나라와 인도의 교류

인도와 우리나라는 제국주의 식민지 통치를 받은 공통의 아픔이 있다. 그래서인지 마하트마 간디는 1909년 8월 안중근 의사가 이토 히로부미(伊藤博文)를 암살한 사건을 전해 듣고는 "이토 히로부미는 그릇된 애국심을 가진 사람"이라고 평가했다고 한다. 그는 또 영국이 인도 사람들을 투옥시켰듯이 일본이 비협조적인 한국 학생들을 투옥시킨다고 언급하며 일제 식민통치 하에서 고통받는 한국 청년의 형편을 염려하기도 하였다.

간디의 무저항주의와 민족주의에 감동을 받아 독립운동의 거울로 삼았다는 독립운동가 조만식(曺晩植) 선생은 간디의 '스와데시(Swadeshi) 운동'과 유사한 국산품 장려, 소비절약, 금연·금주 운동을 전개하기도 하였다. 그리고 동아일보는 창간 당시부터 간디

간디(출처 Elliott&Fry) 라빈드라나트 타고르(출처 Generalstabens Litografiska Anstalt)

의 '비폭력 비협조 운동'을 자주 보도하여 독립정신을 고취시켰다. 인촌 김성수(金性洙), 백범 김구(金九) 선생은 간디에게 편지를 보내 조선 독립에 대한 고언을 구하고 양국의 독립투쟁 승리를 기원하기도 하였다.

이 외에도 간디와 함께 인도 독립운동을 이끈 네루는 총 아홉 번이나 감옥 생활을 하면서 이 기간 동안 《세계사 편력》이라는 책을 펴냈는데, 여기에 일본의 조선 침탈 과정과 3·1운동의 실상, 일본 경찰의 무자비한 탄압 등을 정확하게 평가하여 기록해 놓았다.

제2차 세계대전이 한창이던 1943년에는 인도 주둔 영국군 총사

령부의 요청에 의해 우리나라 광복군 아홉 명이 인도에 도착하여 미얀마 접경지역 전투에서 일본군을 상대로 선전 공작과 포로 심문 등의 임무를 수행하기도 했다.

1929년 인도의 시성(詩聖) 타고르는 〈동방의 등불〉이라는 시를 지어 우리 민족의 독립에 대한 희망과 노력을 격려하기도 했다.

일찍이 아시아의 황금시대에
빛나던 등불의 하나인 코리아!
그 등불 다시 한 번 켜지는 날에
너는 동방의 찬란한 빛이 되리라.

이처럼 나라를 잃은 시기에 양국 간 식민 지배를 벗어나려는 지지, 성원 등 직간접적인 노력이 있었다는 사실에 주목하지 않을 수 없다. 앞으로도 이러한 인연을 바탕으로 더욱 활발한 교류를 이어나가기를 기대해 본다.

대한민국 건국에 기여한
인도 대표 메논 의장

메논 의장의 명연설을 통해 유엔은 '남북한 동시 선거 실시에 의한 통일 정부 수립'이라는 당초 결정을 포기하고 '선거 실시가 가능한 지역에서의 독립정부 수립'이라는 수정 결의안을 통과시켰다. 이로써 미·소 냉전의 대결 속에 해방 후 3년 가까이 표류하던 '대한민국 건국'이라는 대업을 이룰 결정적 계기를 마련하였고, 5월 10일 총선거를 통해 1948년 8월 15일 자유민주공화국 대한민국이 탄생하였다.

제2차 세계대전은 "군인이 끝낸 것이 아니라 과학자들이 끝냈다"는 말이 있다. 과학자들이 만든 원자탄을 일본에 투하함으로써 전 세계 인류는 어느 날 갑자기 '전쟁이 끝났다'고 대서특필된 아침 신문을 받아보게 되었다.

그러나 일본의 패망과 광복의 기쁨도 잠시, 우리 민족의 의사와 상관없이 남북한에 미·소 강대국이 진주함으로써 38선을 기준으로 국토가 두 동강이 나게 된다. 결국 이것이 분단국가의 시발점이 되어 오늘날까지 통일의 꿈을 이루지 못하고 있다.

■ 유엔 한국위원단 메논 의장

1945년 12월 미국, 영국, 소련 등 전승국(戰勝國) 외무장관들이 모스크바에서 회담을 갖고 한반도에 대한 5년간의 신탁통치를 결정하자 남한의 우익 진영은 반탁운동을, 북한과 좌익 진영은 찬탁운동을 전개하여 전국적으로 좌우 격돌이 심화되어 갔다.

이러한 사태를 타개하기 위해 미국과 소련은 1946년 3월~1947년 10월까지 두 차례 미소공동위원회를 열고 상호 합의점을 도출하려 했으나 성과 없이 끝났다. 그러자 미국은 한반도 문제를 1947년 말 유엔 정기총회에 상정하여 ① 유엔 한국위원단을 구성하고, ② 그 감시 하에 한반도 전역에서 총선거를 실시하여, ③ 통일된

K. P. S. 메논 의장(출처 Kerala culture)

정부를 출범시킨다는 내용의 결의안을 통과시켰다.

이에 따라 유엔은 앞으로 치러질 한반도 총선거를 관리·감독하기 위해 1948년 1월 서울에 오스트레일리아, 캐나다, (자유)중국, 엘살바도르, 프랑스, 인도, 필리핀, 시리아 등 8개국으로 구성된 유엔 한국위원단(United Nations Commission on Korea, UNCK)을 파견하였다. 위원단 의장은 인도 대표 메논(K.P.S. Menon) 박사가 선출되었다.

메논 의장은 충칭에 있는 (자유)중국 주재 인도대사로 근무하다가 1948년 1월 유엔 한국위원단 인도 대표로 발령받아 서울에 체류하면서 오늘날 대한민국을 건국하는 데 결정적 기여를 하였으며, 이후 인도 네루 총리로부터 외무장관 발령을 받아 인도로 돌아간 인물이다.

서울에 부임한 메논 의장은 우리나라 사람들은 모두 하나의 민족이고 동일한 언어와 문화를 가지고 있으므로 통일된 정부를 출범시켜야 한다고 생각했다.

메논 의장은 일 년 전 인도가 독립하여 건국하는 과정에서 종교적 갈등으로 파키스탄이 분리되어 나가는 쓰라린 경험을 했기 때문에 한반도는 그런 전철을 밟아서는 안 된다고 생각했던 것이다.

메논 의장과 유엔 한국위원단은 자유로운 남북한 동시 선거를 통한 통일정부 수립을 위해 노력하였다. 그러나 메논 의장의 생각과 시도와는 달리 소련이 38선을 넘는 것을 불허하는 바람에 그 노력은 좌절되고 말았다. 이러한 교착 상황에서 메논 의장은 북한 지역을 방문할 수 없는 현실 때문에 당초 위원단에 부여된 미션을 수행하는 것이 불가능하다고 판단하여 유엔 한국위원단의 활동을 종료, 해체하고 귀국하는 방안까지 고민했다고 한다.

■ 메논 의장의 명연설

그러나 메논 의장은 이러한 상황이 계속되는 것은, 오랜 세월 식민 지배의 고통을 받아온 한국 국민에게 독립된 국가 건설의 꿈을 좌절시키는 너무나 가혹한 일이라고 생각하였다. 그래서 메논 의장은 '하나의 통일된 정부 출범'이라는 인도 네루 총리의 본국 훈령에도 불구하고, 1948년 2월 19일 뉴욕에서 열린 유엔총회 소위원회에 참석하여 남북한의 사정을 설명하고 ① 한국인이 자신들의 운명을 결정할 권리를 가진다는 점과 ② 선거가 가능한 지역 안에서의 민족적 독립정부를 수립할 권리를 가진다는 점을 역설하였다.

메논 의장의 명연설을 통해 유엔은 당초 방침인 '남북한 동시 선거 실시에 의한 통일 정부 수립'이라는 결정을 포기하고 '선거 실시가 가능한 지역에서의 독립정부 수립'이라는 수정 결의안을 통과시켰다. 이로써 미·소 냉전의 대결 속에 해방 후 3년 가까이 표류하던 '대한민국 건국'이라는 대업을 이룰 결정적 계기를 마련할 수 있었다.

이후 유엔 한국위원단의 감독 아래 남한 지역은 5월 10일 총선거를 실시하여 1948년 8월 15일 자유민주공화국 대한민국이 탄생하였다. 만일 메논 의장이 유엔으로부터 선거가 가능한 남한 지역만이라도 자유로운 선거에 의한 독립공화국 수립이라는 새로운 수정안을 승인받지 못했다면 남북한 간, 좌우익 간의 대립과 혼란 상황이 지속되면서 진정한 의미의 자주독립국가 건설의 꿈은 훨씬 더 늦춰졌거나 어떻게 되었을지 모를 일이었다.

1948년 8월 15일 자유민주공화국 대한민국 탄생(출처 국가기록원)

"역사에 가정은 없다"라는 말이 있지만, 만약 남한 지역이 정부 수립이 안 된 무정부 상태에서 북한의 6·25 남침을 받았다고 가정해 보면 그저 아찔할 뿐이다. 국가도 없고 국군도 없는 상태에서 유엔과 우방 국가들에게 지원을 요청할 수 있었겠는가. 정부도 없는 상황에서 그들이 우리를 도와주러 올 명분도 약하고, 설령 전쟁이 끝나더라도 상호 방위조약을 체결할 수도 없으며, 전후 복구와 재건을 위한 주체도 없을 뻔했다.

'역사를 잊은 자들' 때문에 역사는 반복된다. 나는 오늘을 살아가는 우리나라 국민들이 대한민국 건국 과정의 역사에 대해 사실대로 똑바로 알았으면 하는 바람을 가지고 있다. 오늘날의 자랑스러운 대한민국이 해방 이후 어떠한 국내외 상황 속에서 자유민주주의공화국으로 탄생하였는지, 그렇게 수립된 나라와 정부가 있었기에 북한과 공산세력의 침략 야욕을 막아 낼 수 있는 기반이 되었다는 사실 말이다.

그리고 대한민국 건국 과정에 결정적 기여를 한 인도 대표 유엔한국위원단 메논 의장이 우리 민족에게 보여 준 따뜻한 마음과 유엔에서 행한 감동적인 연설을 기억해 주었으면 하는 바람이다.

6·25전쟁과 인도의 역할

건국한 지 2년도 채 되지 않은 대한민국에 6·25전쟁이 발발하자 인도는 중립국 대표답게 전쟁 초기에 평화 중재안을 제시하였고, 의사 14명을 포함한 346명의 '야전병원부대'를 파병했다. 그리고 휴전 협상의 마지막 과제인 포로 송환 문제 처리까지 적극적 역할을 수행하면서 우리나라를 돕고 세계 평화를 위해 노력하였다.

1947년 독립한 인도는 미·소 냉전체제 하에서 비동맹 중립노선을 견지하였다. 그러나 사회주의자였던 네루 총리는 인도 헌법에 사회주의 경제체제를 채택할 정도로 소련과 아주 가깝게 지내는 사이였다.

이러한 상황에서 건국한 지 2년도 채 되지 않은 대한민국에 6·25전쟁이 발발하자 인도는 중립국 대표답게 전쟁 초기에 평화 중재부터 휴전 협상의 마지막 과제인 포로 송환 문제까지 적극적인 역할을 수행하면서 우리나라를 돕고 세계 평화를 위해 노력하였다.

■ 인도의 평화 중재 노력과 의료부대 파병

6·25전쟁 발발 직후인 7월 9일, 인도는 미국에게 '갓 출범한 마오쩌둥의 중국이 유엔에 가입하는 것'에 협조하는 조건으로 "안보리 결의를 통해 소련과 중국이 북한군을 38선 이북으로 복귀토록 한다"는 전쟁 종결을 위한 평화 중재안을 제시하였다.

그러나 인도는 이 중재안이 미국으로부터 긍정적 반응을 얻지 못하자 이를 포기하고 즉각 우리나라에 파병을 결정했다. 그때 의사 14명을 포함한 346명으로 구성된 '제60공정 야전병원부대'를 보냈다. 이들은 의료부대였지만 유사시에 낙하산을 타고 최전방에 긴급 투입되는 정예부대였다.

1950년 11월 부산에 상륙한 인도 부대는 둘로 나뉘어 일부는 영국군과 함께 전투 현장에 배치되어 전선을 누비는 과정에서 2명의 전사자가 나왔고, 나머지는 대구에 주둔하며 육군병원에서 한국군을 치료하거나 민간인 외래환자 치료를 위한 진료소를 운영하였다. 당시 의료 인프라가 무너진 상황에서 2,300여 회의 수술과 환자 2만여 명을 치료했다.

여기서 중요한 것은 비동맹 중립노선을 표방하며 소련과 가깝던 인도가 6·25전쟁 초기에 소집된 안보리에서 북한을 침략자로 규정한 결정을 지지했다는 점이다. 중립국인 인도까지 남한에 의료부대 파병을 결정하고 실행한 것을 보면 북한의 불법 남침에 대한 국제사회의 공감대가 공고하게 형성되었던 것을 알 수 있다.

■ 휴전협상의 걸림돌, 포로 송환 문제를 매듭지은 인도

38선을 중심으로 군사적 교착상태에 빠진 채 교전이 지루하게 반복되자 유엔 측과 공산 측은 휴전협상에 들어갔으나 큰 진전이 없었다. 그러나 1953년 초, 6·25전쟁 종식을 공약했던 미국의 아이젠하워 대통령이 취임하고 3월 초에는 소련의 스탈린이 사망하면서 휴전협상이 급진전되었다.

그동안 휴전협상의 가장 큰 걸림돌은 전쟁 포로 처리 문제였다. 그중에서도 '원래 자기 출신 지역으로의 송환을 거부하는 포로들'에 대한 해결 방안을 찾는 것이었다. 인도는 '송환을 거부하는 포로들'을 '중립국 송환위원회'에 넘겨 각자 자유로운 의사에 따라 송환 여부를 결정하자는 제안을 하였고, 이를 유엔 측과 공산 측이 동의하면서 합의가 이루어졌다. 중립국 송환위원회는 폴란드, 체코슬로바키아, 스위스, 스웨덴, 인도 등 5개국으로 구성되었고 인도는 위원장국이 되었다. 이와 함께 위원장국은 포로 후송을 위한 무장 군대를 파견한다는 내용의 합의문도 발표되었다.

하지만 이러한 합의에 대해 한국 정부는 공식적으로 반대하며 위원장국인 인도 군대가 남한땅에 한 발짝이라도 발을 붙이면 즉시 발포할 것이라고 공언하였다. 이로 인해 포로 송환을 위해 인천 앞바다에 도착한 인도 군인들이 배에서 내리지 못하는 상황이 벌어졌으며, 급기야 미군이 인도 군인들을 수송하기 위해 헬리콥터를 급파하여 포로 송환 심사가 열리고 있는 문산 판문점까지 이송하였다.

티마야 중장(출처 oneindiaonepeople)

1953년 9월 인도 정부가 파견한 6천 명의 포로 송환 감시단(The Custodial Force of India, CFI)은 7개월간 문산 판문점 중립지대에서 북한이나 중국으로 송환을 거부하는 2만 2천 명의 포로들을 자유의사에 따라 처리하였다. 특히 제3국을 택한 포로 88명을 대동하여 1954년 2월 인천항을 통해 인도로 수송하였다. 제3국을 택한 포로 88명 중 2명을 제외한 86명은 북한군 또는 중공군 출신이었다. 이들은 공산주의가 싫어서 제3국을 택한 '반공 포로'였다.

중립국 포로송환위원장인 인도의 티마야(Thimayya) 중장은 중립국으로 갈 희망하는 포로들을 받아줄 나라를 찾아 달라고 유엔에 호소하였으나 손을 든 국가는 한 곳도 없었다. 그러자 티마야 장군은 본국 네루 총리에게 전문을 보내 인도가 이들을 받아

인도 참전 용사 및 가족 초청 행사(출처 주인도 한국대사관)

주도록 건의하였고, 네루 총리의 승인을 받아 88명의 포로와 함께 인도 군용선 아스트리아호에 태워 남인도 마드라스항(현재 첸나이항)으로 수송하였다. 인도는 이들을 환영하는 행사를 여는 한편, 살아갈 수 있도록 초기 정착금을 지원하는 등 따뜻한 배려를 아끼지 않았다. 이렇게 인도 주도 하에 포로 송환 문제가 마무리된 덕분에 3년에 걸친 6·25전쟁은 긴 휴전상태에 들어갈 수 있었다.

■ 반공 포로 출신 현동화 전(前) 인도 한인회장

최인훈의 소설 《광장》은 양극화된 이데올로기의 길을 넘어 제3의 길을 모색한 분단시대의 역작이다. 중립국 포로송환위원장

현동화 회장 내외분과 함께

인 티마야 중장의 노력으로 인도에 간 반공 포로 중에 이 소설의 주인공처럼 제3국을 선택한 사람이 있었다. 그가 바로 전 인도 한인회장을 지낸 현동화(玄東和) 회장이다.

그가 제3국을 선택한 이유는 전쟁 때 다친 얼굴의 상처를 치료하기 위해 미국에 갈 목적으로 우선 인도를 택했다고 한다. 그러나 미국행이 좌절되면서 인도에 정착해 60여 년을 살았다. 그 후 우리나라에 돌아와 살다가 2021년 2월 설 연휴기간에 구십 세의 삶을 마감하였다. 나는 당시 인도 총영사로 있으면서 알게 된 인연으로 창원에서 새벽에 서울로 올라와 현 회장의 빈소를 찾아 명복을 빌었다.

그는 참으로 파란만장한 삶을 살아냈다. 일제 강점기 식민 지배의 아픔, 한반도를 휩쓸었던 해방정국의 좌우 이념 대립, 북한 인민군으로 참전했던 6·25전쟁과 귀순, 매일 밤 죽음의 순간을 넘나들던 포로수용소 생활, 반공 포로로 석방되어 이역만리 낯선 인도 땅에 뿌리를 내리고 살아온 60년 세월을 견디어 냈다.

그의 삶은 한 편의 인생 파노라마였다. 개인의 의지와 상관없이 굽이치는 역사의 물결에 휩쓸려 살아온 격랑의 세월이었다. 그가 살아낸 이 가슴 아픈 이야기는 개인사만으로 묻어 버릴 수는 없다. 어떻게 보면 우리 민족 전체가 겪어야만 했던 아물지 않은 시대의 상처였다.

하지만 현동화 회장은 좌절하지 않고 강인한 정신력으로 굳세게 한평생을 살았다. 그는 1964년부터 3년간 주인도 한국총영사관 직원으로 근무하며 우리 외교관들이 현지 생활에 적응하는 데 많은 도움을 주었다. 1960년 후반에는 우리나라의 '가발 가공 수출'이 폭발적으로 늘어나자 여기에 소요되는 그 많은 인모(人毛, 달비)의 상당부분을 인도에서 수집하여 우리나라로 수출하는 무역업을 했다. 그것이 가능했던 건, 인도 힌두교도들이 사원에서 자신의 긴 머리카락을 잘라 제단에 바치며 소원 성취를 비는 풍습이 있어 하루에도 수십만 명 여인들의 머리카락이 나왔기 때문이다. 이 머리카락을 경매에 붙이면 이를 낙찰받아 한국에 보낸 것이다.

또한 그는 1970년부터 3년간 온갖 어려움 속에서도 아프카니스탄 카불에 레이온 원단을 생산하는 '카불섬유'라는 직조공장을 건립, 완공하는 데 기여하였다. 이 카불섬유 공장 건립 프로젝트 추진은 우리나라 '플랜트(Plant) 수출 1호 사업'이라는 상징성 때문에 우리 정부에서 국가적 사업으로 관심을 쏟고 있던 때였다. 이전까지 우리나라는 소비재 중심의 상품만 수출해 온 터라 공장을 지어 수출한 경험이 없었기에, 오로지 국가적 사업이라는 사명감 하나로 개인 돈까지 들여가며 공장을 끝내 완공하였다.

이렇게 공장이 설립된 것을 계기로 우리나라와 아프카니스탄 양국은 대사급 외교관계를 맺는 결실을 가져왔다. 그리고 현 회장은 1970년대 현대건설 등 우리나라 건설업체들의 중동건설 붐이 한창일 때 뜨거운 사막에서 일할 수 있고 임금도 싼 인도 사람들을 뽑아 현지에 보내는 인력송출사업을 하여 인도 사람들에게는 경제적 여건을 마련해 주고 우리나라 건설사에는 제때 필요한 인력을 제공하는 등 일석이조의 역할을 했다.

이 외에도 그는 민간 외교관의 역할을 톡톡히 하였다. 2천 년대 초에는 경남 김해시와 김해 김씨 종친회를 도와 인도 북부 아요디아에 김해 김씨와 김해 허씨의 조상인 '허황옥 기념비석'을 세우는 일을 도와주었다. 그는 인도 교민사회를 개척한 1세대 선구자로서 20여 년간 재인도 한인회를 이끌면서 인도에 진출하는 우리나라 기업들과 상사 주재원 가족, 그리고 유학생들이 현지 생활에 적응하는 데 많은 도움을 주었다.

2014년 나는 인도 총영사로 부임하면서 허황옥 왕후 스토리부터 대한민국의 건국 과정과 6·25 휴전협상 마무리를 위한 포로송환 문제 등 현대사에 이르기까지 인도와 우리나라의 관계에 대해 공부하며 알게 되었다.

우리나라와 인도는 오랜 세월 여러 분야에 걸쳐 교류하였으며 특히 인도가 우리나라에 베풀어 준 많은 도움에 대해, 이제는 우리나라가 인도에 적극적인 관심을 가지고 양국의 상호 발전을 위해 지원 노력할 때가 아닌가 생각한다. 이를테면 인도 인구의 70%를 차지하는 가난한 농촌 사람들의 생활환경 개선과 소득증대를 위해 우리나라 새마을사업의 성공 노하우를 전수해 주는 것을 비롯해 다양하고 폭넓은 인적·물적 교류가 이루어지기를 기대한다.

인도 '수자타 아카데미' 이야기

인도 오지 불가촉천민 마을에 있는 수자타 아카데미는 가난한 아이들을 위해 교육사업, 지역 주민을 위한 치료사업, 소득 증대를 위한 자립사업 등 구호사업을 하고 있다. 나는 수자타 아카데미 자원봉사자들의 헌신적인 삶을 보면서 봉사활동이란 남을 돕는 것이 아니라 '내 자신의 일을 하는 것'이라는 사실을 깊이 깨우치게 되었다.

    2014년 여름, 인도 총영사 부임을 앞두고 서울에서 인도 현지 생활에 필요한 물건들을 챙겼다. 물론 가족들은 한국에 남겨두고 혼자 가게 되어 비교적 간편하였다. 이렇게 짐을 챙기며 혹시 인도 사람들에게 가져다 줄 것이 없을까 하고 생각하였다. 당시 인도에 대해 가난한 나라라는 인식이 있었기 때문이다.
    마침 어느 책에서 본 "누군가가 어린아이의 손에 연필 한 자루를 쥐어 주면 그 아이의 인생 방향이 바뀔 수 있다"는 글귀가 떠올랐다. 그래서 당시 중고등학교에 다니고 있던 아들딸에게, 친구들 집에 안 쓰는 학용품이 있을 테니 모아 달라고 부탁했다. 며칠 뒤 과일 박스 하나를 가득 채울 만큼의 중고 학용품을 모아 가지고 왔다.

이렇게 가져간 중고 학용품은 인도 현지 부임 후 새로운 곳에서의 낯선 업무에 적응하느라 깜박 잊은 채 대사관 사무실 한쪽에 잠들어 있었다. 그러던 어느 날 인도 중북부 비하르(Bihar) 주에서 '수자타 아카데미'라는 현지 교육시설을 이끌고 있는 보광법사가 대사관에 들렀다. 그때 처음 만난 보광법사로부터 수자타 아카데미에 대해 자세히 들었다. 법륜스님이 20여 년 전 불가촉천민 마을에 아이들의 교육 시설을 세웠다는 것이다. 이 이야기를 듣고 대사관에 가져다 놓고 한동안 잊고 있던 중고 학용품 박스가 생각나 보광법사에게 전달하였다. 이런 인연으로 수자타 아카데미에 관심을 갖게 되었다.

■ 수자타 아카데미의 시작

수자타 아카데미는 불가촉천민들의 집단 거주지인 비하르 주 둥게스와리(Dhungeshwari) 마을에 있다. 이곳은 가난한 사람들 중에서도 가장 가난한 사람들이 모여 사는 곳이다. 말 그대로 의식주, 교육, 보건의료 등 어느 하나도 인간적인 삶을 찾아볼 수 없는 그런 지역이다. 인도 중앙정부는 물론이고 지방정부의 지원조차도 거의 없는 소외된 황량한 빈촌이다. 이곳 주변에는 15개 마을 약 1만여 명의 주민이 소작이나 채석, 일용직 노동을 하며 생계를 유지하고 있다.

이런 오지 중의 오지인 둥게스와리 마을에 1991년 법륜스님이 성지 순례길에 들렀다. 부처님이 6년간 고행한 전정각산(前正覺山)이 그 마을의 앞산이었기 때문이다. 이때 법륜스님은 산 아래 둥게스와리 마을 아이들이 학교도 가지 않고 영양실조에 걸려 구걸하는 모습을 보고 구호사업을 결심했다고 한다.

몇 년 후 이곳을 다시 찾은 법륜스님은 마을 사람들을 모아놓고 무엇을 도와주면 좋겠는지 물었다. 그때 마을 사람들은 아이들의 교육을 원했고 이를 계기로 수자타 아카데미를 세우게 되었다. 마을에서 약 500평의 학교 부지를 내놓으면서 수자타 아카데미 사업은 본격적으로 시작되었다.

■ 수자타 아카데미의 3대 핵심 사업

수자타 아카데미는 가난한 지역의 아이들을 대상으로 한 교육사업과 병원 설립 등 치료사업, 소득증대 등 자립사업의 세 분야가 핵심이다. 이 사업을 28년 동안 꾸준히 이어오며 자립 모델로 자리잡게 된 데는 법륜스님과 자원봉사자들의 헌신, 그리고 마을 주민들의 노력이 있었다.

① 교육지원 분야

수자타 아카데미는 문맹을 퇴치하고 직업교육을 지원하는 학교다. 약 600명의 학생이 초·중등 과정을 배우면서 예체능 교육과 함께 과학실험, 컴퓨터 수업도 병행하고 있다. 학비는 면제이고

수자타 아카데미

학업에 필요한 문구류도 무상 지원된다. 특히 매일 무상으로 점심을 제공하기 때문에 학생들의 출석률은 95%가 넘는다.

2020년 3월부터 코로나로 학교 운영이 중단되었다가 2021년 8월부터 다시 학교 문을 열고 수업을 재개하였다.

그런데 1년 6개월 만에 등교한 한 아이의 팔이 나뭇가지처럼 말라 있었다. 이걸 본 선생님이 깜짝 놀라 "너 아침에 뭐 먹고 왔니?"하고 물으니, "아무것도 못 먹었어요"라고 대답했다. 학교에 나오지 못하니까 끼니를 제대로 먹지 못한 것이다.

이곳에서는 매일 600여 명이 먹을 수 있는 밥을 짓는다. 학생들에게는 밥 먹는 시간이 가장 즐거운 시간이라고 한다. 최근에는

수자타 유치원

식사 시간에 매일 삶은 계란을 한 개씩 추가로 제공하는데, 밥보다 계란을 먼저 먹는 학생은 단 한 명도 없다고 한다. 밥을 먹고 나서 마지막으로 계란을 먹는 아이들의 표정이 그렇게 행복해 보인다고 한다.

또 초·중등 학생을 위한 아카데미 외에 취학 전 아동들을 위한 '수자타 유치원'을 운영하고 있다. 주변 마을 열네 곳의 유치원에서 1천 명 이상의 어린이가 힌디어, 영어, 산수 등을 놀이방식으로 배우고 매일 무료 급식을 먹고 있다.

유치원을 설립하게 된 것은, 수자타 아카데미에 공부하러 오는 학생 대부분이 어린 동생을 집에 혼자 둘 수 없어 학교에 데리고 오는 바람에 제대로 수업을 진행할 수 없었기 때문이다. 이 문제를 해결하기 위해 마을 사람들과 지혜를 모아 유치원을 개설했고, 수자타 아카데미에 가까운 유치원은 중학생들이 교사가 되어 매일 봉사를 하고, 산 너머 먼 곳의 유치원은 어느 정도 교육을 받은 사람이나 마을에 시집 온 며느리가 교사 역할을 하고 있다.

② **치료지원 분야**

1995년 여름 콜레라가 창궐하여 마을 전체 주민이 감염되자 수자타 아카데미는 휴교하고 교실을 임시병원으로 사용하며 치료 봉사를 했다. 이를 계기로 지바카(Jivaka)라는 병원을 학교 부속시설로 설립하였다. 그러자 둥게스와리 주변 15개 마을뿐만 아니라 다른 지역 80여 개 마을에서도 이 병원을 찾아왔다. 평일은 무료 진료를 원칙으로 하고 마을 순회 진료와 결핵퇴치사업도 병행하고 있다.

병원의 부족한 인력은 수자타 아카데미 학생들의 자원봉사활동으로 보충하고, 마을 전체 사람들을 대상으로 위생교육을 실시하는 등 보건위생환경 향상에 힘쓰고 있다. 그리고 마을마다 코브라, 전갈 등에 물렸을 때 응급상황을 대비해 비상구급약을 비치하고 있다

③ **자립지원 분야**

가난을 벗어나는 궁극적인 방법은 우리나라 새마을운동처럼

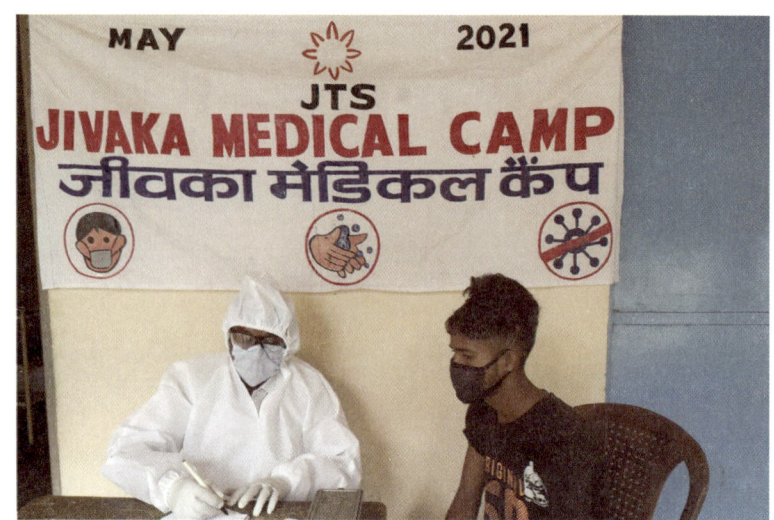

지바카 병원

　마을 주민들에게 먹고 사는 문제를 스스로 해결하고자 하는 자립정신을 불어넣어 주는 것이다. 소득을 증대하기 위해 다양한 개발사업을 펼치고 있는데 새끼 돼지와 염소 등 가축을 지원하기도 하고, 가난한 부녀자를 대상으로 물레반 운영과 재봉틀 사용법 같은 기술교육을 실시하기도 한다.
　또한 유치원 건립이나 화장실 확충, 도로와 우물 정비 같은 마을 공동작업도 펼친다. 이는 마을별 현지 지도자가 주민들에게 공동체 의식을 갖고 참여하도록 독려하고 있으며, 우리나라 봉사자들이 이를 뒷받침하는 형태로 운영하고 있다.

▲ 마을 물펌프 개통식 ▼ 벽돌을 나르고 있는 사람들

■ 수자타 아카데미 사업이 주는 교훈

이 수자타 아카데미 사업을 후원하는 비영리단체(NGO)는 JTS(Join Together Society)라는 국제구호단체다. 기아, 질병, 문맹 퇴치를 목적으로 설립된 JTS의 3대 모토는 "배고픈 사람은 먹어야 합니다. 아픈 사람은 치료받아야 합니다. 아이들은 제때 배워야 합니다"이다.

JTS의 후원으로 28년 간 이어져 온 수자타 아카데미 사업이 주는 교훈은 다음과 같다.

첫째, 가난과 질병으로부터 고통받고 있는 인도 내 다른 지역에도 적용 가능한 자립모델이 되고 있다. 가난과 계급을 숙명이라고 여기는 사람들에게 가난을 벗어나는 세 가지 비책인 교육, 치료, 자립의지라는 희망을 불어넣어 오늘날 불가촉천민 마을에도 변화의 바람을 불러일으키고 있다. 즉 배고픔을 근본적으로 해결하기 위해 자립정신을 기반으로 다양한 마을 개발사업을 추진하고, 아픈 사람을 치료하기 위해 지바카 병원을 설립해 운영 중이며, 아이들을 제때 교육시키기 위해 수자타 아카데미와 유치원을 세워 가난이 대물림되지 않도록 노력하고 있다. 그중에서도 가장 중요한 것은 미래세대에 대한 교육이라고 생각한다.

오늘날 인도는 IT산업, 바이오산업, 항공우주산업 분야의 강국으로 알려져 있는데, 이러한 명성을 얻기까지 인도 서남부에 위치한 지방정부 지도자들의 선구적인 노력이 있었다. 그들은 자원, 돈, 기술도 없는 상태에서 오로지 젊은 세대 교육에 올인하였다. IT, 바이오 같은 신산업 분야에 대한 과학기술교육을 한 세대 앞서 도입하여 실행한 결과, 인도 서남부 지역은 다른 주에 비해 국민소득이 높다. 이러한 사례로 볼 때 수자타 아카데미 학생들에게도 과학, 기술, 컴퓨터 교육을 강화할 필요가 있다고 생각한다.

둘째, 헌신적인 자원봉사 시스템의 운영이다. 이 사업은 JTS 비영리단체 후원자들의 끊임없는 지지, 현지 자원봉사자들의 헌신, 그리고 지역주민들의 자립의지가 어우러져 버려진 땅에서 기적 같은 일들을 해나가고 있다.

사업 추진 방식은 대부분 인도 현지인이 팀장을 맡고 우리나라 봉사자들이 도와주는 역할을 맡고 있다. 대표적인 인도인 팀장은 현재 수자타 아카데미 교장인 쁘리앙카 꾸마리라는 분이다. 그녀는 처음에 마을 유치원 교사에서 시작했는데, 우리나라에 유학하여 공부를 마치고 돌아와 열정적으로 학교를 이끌고 있다.

쁘리앙카 꾸마리는 인도 최고계급인 브라만 신분이다. 그것도 여성의 몸으로 사람들이 만지는 것조차 꺼리는 불가촉천민들을 교육시키는 데 따른 사회적 제약과 편견, 탄압을 견뎌내며 이 사업을 추진하고 있다. 같은 계급은 물론이고 가족들조차 무력으로 그녀의 학교 출근을 막았을 정도로 수많은 고초를 무릅쓰고 말이다. 좋은 법(法)을 만나 불가촉천민을 위해 헌신하고 있다고 말하는 쁘리앙카 교장 선생에게 경의를 보낸다.

쁘리앙카 교장 선생을 돕는 사람들이 있다. 이들은 한국의 자원봉사자들로 직장 휴직자, 은퇴자, 대학생 등 다양하다. 무보수로 수개월에서 2~3년씩 봉사활동을 하고 있다.

수자타 아카데미의 또 다른 특징은 학교 상급생이 저학년을 돌본다는 것이다. 학교를 졸업한 학생들도 마을 유치원이나 학교 병원에서 봉사활동을 한다. 이러한 과정을 통해 봉사의 진정한 의미와 보람을 체험하며 성장할 수 있도록 철저히 교육 차원에서 운영하고 있다.

나는 수자타 아카데미 자원봉사자들의 헌신적인 삶을 보면서 봉사활동이란 남을 돕는 것이 아니라 '내 자신의 일을 하는 것'이라는 사실을 깊이 깨우치게 되었다.

■ **수자타 아카데미 스태프들의 견문 넓히기**

수자타 아카데미는 인도의 수도 뉴델리에서 기차로 13시간 이상 걸리는 오지에 있다. 그곳에서 일하는 현지인 출신 교사 등 스태프들은 대도시에 한 번도 나가본 적이 없는 사람들이라고 한다. 총영사로 근무할 당시 그들이 방학을 이용해 수도 뉴델리를 방문한다는 이야기를 듣고 우리나라 대사관에 들를 수 있는지 물었다. 쁘리앙카 교장 선생, 보광법사 그리고 학교 교사들과 스태프 등 수십 명이 붉은색 벽돌이 아름다운 대한민국 대사관을 방문하여 따뜻한 환영을 받았다.

그 후 인도 총영사 근무를 마치고 돌아와 과천과학관 단장으로 근무할 때, 수자타 아카데미 교사진이 학교가 설립된 이후 처음으로 한국을 방문한다는 소식이 들렸다. 무엇보다 미래 과학교육의 중요성을 늘 강조해 온 터라, 그들이 과천과학관을 방문하면 좋겠다고 생각했다. 바쁜 일정 중에도 첨단과학 분야에 대한 견문을 넓히면 나중에 수자타 아카데미 학생들의 과학교육에 큰 도움이 되리라고 생각했기 때문이다. 다행히 과학관 방문 일정이 잡혔고, 웅장한 건물과 최첨단 전시물로 가득 찬 전시관을 둘러본 그들은 놀라움과 함께 부러움을 숨기지 않았다.

이날 과천과학관을 방문한 수자타 아카데미 스태프들은 가난의 굴레에서 벗어나는 길은 미래세대에 대한 교육에 있음을, 그중에서도 특히 과학교육이 중요하다는 것을 머리와 가슴에 깊이 새기고 귀국하였으리라 확신한다.

부디 아이들의 손에 배움이라는 연필 한 자루를 쥐어 주기를, 그리하여 보다 나은 세상을 만드는 데 기여하는 인재로 키워 주기를 간절히 희망한다.

앞으로 인도 '수자타 아카데미'가 더욱 크게 발전하여 도움이 필요한 이들에게 희망의 빛이 되기를 기원한다.

불가촉천민의 아버지 암베드카르

"이 세상에 수많은 불행이 존재한다는 것을 알고 그냥 가만히 있는 것은 옳은 일이 아니다. 필요한 것은 세상으로부터 도망치는 것이 아니라 세상을 더 나은 곳으로 만드는 것이다."
이 세상의 가난하고 핍박받는 자들을 위해 일생을 바친 암베드카르의 이 말은 우리 모두에게 큰 울림으로 남아 있다.

2014년 8월 주인도 한국대사관 총영사로 발령받아 인도 뉴델리공항에 도착하였다. 부임 당시 알고 있던 유명한 인도인으로는 간디, 네루, 타고르, 모디 총리 정도였다. 그런데 대사관으로 가는 길 공원에 유명인으로 보이는 두꺼운 뿔테 안경을 쓴 인물 동상이 눈길을 끌었다. 그가 바로 인도 현대사에서 독립 영웅 마하트마 간디 못지않게 인도 국민들의 깊은 존경과 사랑을 받고 있는 '암베드카르' 박사라는 사실을 나중에 알게 되었다.

암베드카르(1891~1956년)는 인도의 최하층민인 불가촉천민 출신이면서도 영국 식민지 시절부터 인도의 독립국가 건국 초기까지 독립운동가, 정치가, 교육자, 사회운동가로 살아온 분이다. 특히 수천 년 동안 온갖 멸시와 차별로 고통받아 온 불가촉천민을 위해 '카스트제도 폐지'에 일평생 노력하였으며, 차별의 뿌리인 힌두교에 정면으로 저항하는 불굴의 삶을 살았다.

라오 람지 암베드카르(출처 위키백과)

암베드카르는 네루 총리의 초대 내각에서 법무부장관으로 취임하여 인도 헌법 기초위원회 위원장을 맡아 건국헌법 제정을 주도하였다. 그는 이 건국헌법을 통해 수천 년 동안 차별받아 온 최하층민들의 정치적·사회적·경제적 권리를 보장해 줌으로써 당당한 인도 국민으로서의 지위를 가질 수 있도록 길을 열어 주었다.

인도 카스트제도는 3천 년 이상의 오랜 역사를 가진 것으로 힌두교 경전에 근거하여 브라만, 크샤트리아, 바이샤, 수드라 네 계급으로 구성되어 있다. 그런데 불가촉천민들은 카스트 제도권 밖의 존재(Out Caste)로서 '인간 사회 구성원이 아닌, 그 아래에 있는 무엇'으로 간주되었고, 그들과 접촉하면 오염된다거나 심지어 그들의 그림자조차도 부정한 것으로 치부되어 절대로 접촉해서는 안 되는 기피 대상이었다.

■ 암베드카르의 성장기

암베드카르는 1891년 인도 중부 마하라슈트라 주에서 불가촉천민으로 태어났다. 영국 군대에서 근무하던 아버지 덕분에 초등학교에 입학한 그는 극단적 차별의 고통을 겪어야 했다. 다른 학생들과 놀 수도 없고 책걸상도 없이 구석진 교실 바닥에 앉아 배워야 했으며, 목이 말라도 오염된다는 이유로 수돗물조차 마실 수 없었다. 이렇게 뼈저린 신분 차별의 상처를 안고서도 그는 고등학교를 졸업했고, 교장 선생의 추천으로 주지사 장학생이 되어 대학교를 졸업하고 미국 컬럼비아대학교에 유학하여 박사학위를 취득하였다.

그 후 장학금을 지원해 준 주지사의 부름을 받고 귀국하여 주지사 비서관이 되었지만, 여전히 같은 사무실에서 부정 타는 것을 두려워한 동료들이 서류를 건넬 때도 멀리서 던져 주는 걸 보며 사표를 던졌다. 그리고 뭄바이에 있는 대학의 교수가 되었으나 여전한 차별로 인해 그만두고 영국으로 유학을 떠나 런던 정경대학교에서 박사학위와 그레이 법학원에서 변호사 자격을 취득하였다.

■ 불가촉천민을 위한 인권운동

암베드카르는 서른두 살에 2개의 박사학위와 영국 변호사 자격을 가진 최고 지식인이 되어 인도로 돌아왔다. 그리고 인도 인구의 1/4에 해당하는 불가촉천민을 사회적 차별에서 해방시키기 위해 인권운동을 시작했다. 그는 최하층민들의 가슴속에 자조(自助)와 자존(自尊)의 정신을 심어 주고 정치적 권리를 확보하는 것이 중요하다고 판단해 1924년 7월 '불가촉천민 연맹'이라는 조직을 결성하고 이렇게 연설하였다.

"오늘날 여러분이 처해 있는 억압과 가난과 굴욕이라는 현실은 결코 여러분이 전생(前生)에 지은 죄 때문이 아닙니다. 그것은 브라만들의 지위와 권세를 인정해 주고 수많은 하층계급을 억압하고 소외시키는 카스트제도 때문입니다. 이 같은 현실은 여러분 스스로 타개해 나가야 합니다. 어떤 신(神)이나 초인(超人)에게 의지할 생각을 버리십시오."

그는 불가촉천민들이 스스로 열등감과 소외감을 떨치고 일어나서 인간으로서의 존엄성과 자부심, 모든 사람과 동등한 사회적 인격체라는 의식, 자신의 운명을 자기 힘으로 개척해 나가는 정신을 가져야 한다고 역설하였다.

1927년 3월 암베드카르는 수천 명의 불가촉천민과 함께 마하라슈트라 주(州) 마하드 지방의 마을 공동저수지까지 행진하여 '금지된 저수지'에서 물을 떠 마심으로써 역사상 처음으로 자신들의 권리를 당당하게 행동으로 보여 주었다. 그리고 행진을 하며 "지금 우리가 저수지로 가는 데는 이유가 있습니다. 그것은 우리가 다른 사람들과 똑같은 인간임을 증명하기 위함입니다"라고 말했다.

그 해 12월에는 수천 년 동안 인도 하층민들의 삶을 규제해 온 힌두경전 《마누법전》을 공개적으로 불태웠다. 1935년 10월에는 뭄바이 인근 욜라에서 군중집회를 열고 힌두교와의 결별을 선언했다. 이 자리에서 그는 다음과 같이 연설하였다.

"저는 불행하게도 힌두교인으로 태어났으나 앞으로 결코 힌두교인으로 죽지는 않을 것임을 엄숙하게 선언합니다. 힌두교는 저의 양심과 자존심에 분명히 저촉되는 종교입니다. 종교가 인간을 위해 있는 것이지 인간이 종교를 위해 있는 것이 결코 아닙니다. 사람을 사람으로 취급하지 않는 종교, 사원에 들어가지도 못하게 하는 종교, 공동으로 사용하는 우물에서 물도 긷지 못하게 하는 종교, 품위 있는 직업을 갖는 것을 막는 종교, 동물을 만지는 것은 허용하면서도 인간을 접촉하는 것을 오염으로 여기는 종교는 결코 종교가 아니라 종교에 대한 모독입니다."

암베드카르는 힌두교의 카스트제도가 인류 역사에서 찾아보기 어려운 불평등한 제도라고 말하며, 이런 불평등을 겪는 이유는 단지 힌두인으로 태어났기 때문이므로 장차 힌두교의 굴레를 벗어 버리고 새로운 종교로 개종할 것이라고 선언하였다.

■ 카스트제도 폐지를 둘러싼 간디와의 갈등

간디와 암베드카르는 인도 독립을 위해 함께 노력한 협력자이면서도 가장 강력한 정치적·종교적 맞수였다. 두 사람의 가장 큰 차이점은 '카스트제도 해체'를 통한 불가촉천민의 권리와 인권의 회복 여부였다.

간디는 전형적인 힌두 전통주의자이자 보수주의자였다. 그는 힌두교 경전에 근거한 카스트제도의 존치를 옹호하며 지금까지 카스트제도가 바탕이 되어 인도 사회가 존속해 오고 있다고 생각하는 인물이었다.

간디는 카스트제도에 따른 계급 분류는 유지하되, 그 안에 있는 계급들이 서로 차별과 멸시를 하지 않는 것이 바람직한 사회라고 생각했다. 따라서 암베드카르를 비롯한 불가촉천민들이 자신들의 인권과 권리 확보를 위해 카스트제도 폐지 행동에 나서는 것을 싫어했다. 이와 함께 카스트제도의 해체가 힌두교도를 분열시켜 영국의 분할 통치를 돕는 결과를 낳지 않을까 우려하기도 했다.

그러나 불가촉천민에게 가해지는 멸시와 차별을 뼈저리게 느껴

온 암베드카르에게 이러한 간디의 힌두이상주의 사회는 터무니없이 비현실적인 생각으로 여겨졌다. 그는 힌두교라는 종교와 그것이 만들어 낸 카스트제도 자체가 문제이며 그 틀을 유지한 채로는 불가촉천민의 인권과 지위 향상의 길은 불가능하다고 보았다. 따라서 불가촉천민에 대한 뿌리깊은 차별을 개선하기 위해서는 불가촉천민들이 독자적인 정치적 힘을 확보하는 것이 무엇보다 중요하다고 생각했다.

1931년 8월 암베드카르는 뭄바이에서 간디와 처음으로 만났다. 이 자리에서 간디는 불가촉천민들이 정치적으로 독자적인 노선을 걷는 데 대해 반대의사를 분명히 했다. 그러나 암베드카르는 간디에게 "선생님! 저에게는 조국이 없습니다. 우리가 개나 고양이만도 못한 취급을 받고 있고 마실 물도 구할 수 없는데, 어떻게 제가 나의 조국이라고 부르고 그런 나라의 종교를 나의 종교라고 부를 수 있겠습니까?"라며 울분을 토했다.

간디와의 확연한 견해 차이를 확인한 암베드카르는 불가촉천민의 정치적 대표성을 확보하기 위해 영국 식민지 정부를 설득하여 1932년 8월 영국 총리가 '의회선거에 있어서 불가촉천민만을 위한 독자적인 분리선거구제도 도입에 관한 포고령'을 발표하도록 하였다.

'분리선거구제도'는 사회적 약자인 불가촉천민과 일반 카스트 사람들이 같이 출마하는 제도에서는 불가촉천민이 당선될 가능성이 없고, 그 결과 의회에서 불가촉천민을 대표할 수 있는 의원을 확보할 수 없으므로 선거구를 분리해야 한다는 게 핵심이었다. 즉 어느 지역을 불가촉천민만을 대상으로 하는 선거구로 지정하고 여기서 그들의 이익을 가장 잘 대변할 후보를 뽑도록 하는 방식이었다.

이 소식을 들은 간디는 불가촉천민들이 정치적으로 분리되어 나가는 일이 있어서는 안 되며, 이것이 힌두교 사회에 커다란 분열을 초래할 것이라고 우려했다. 간디는 분리선거구제 도입을 건의한 암베드카르가 영국 정부에 포고령 철회를 요청하도록 암베드카르 개인에 대한 단식 투쟁을 선포하였다. 인도 독립을 위해 열여섯 번의 단식을 한 간디가 특정 개인을 대상으로 단식 투쟁을 벌인 것은 이것이 유일한 사례다.

간디의 단식 선언 6일 뒤 암베드카르는 눈물을 머금고 영국 정부에 분리선거구제 도입 철회 의사를 밝혔다. 왜냐하면 만일 간디가 단식을 하다가 죽는다면 상층 카스트 사람들에 의해 인도 전역의 불가촉천민들이 더 큰 탄압을 받을 것을 우려했기 때문이다. 이 사건 이후 암베드카르는 마지막 순간까지 간디와 화해하지 않았다.

■ 인도 건국헌법 제정을 주도하다

1947년 8월 15일 독립국가를 선포한 인도 네루 총리는 초대 내각 법무부장관으로 암베드카르를 발탁하고 인도 건국헌법 기초위

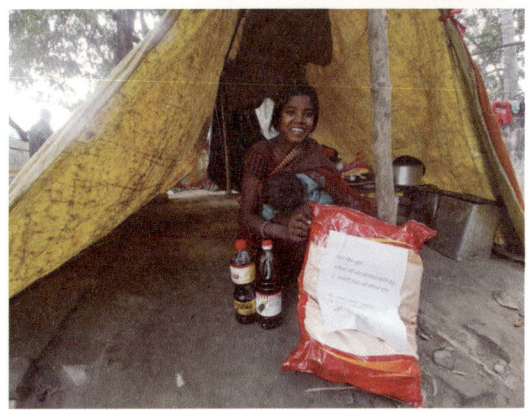

인도의 가난한 사람들

원회 위원장에 임명하였다. 인도 건국헌법은 총 395개 조항의 방대한 양으로 구성되어 있는데, 암베드카르는 의원들과 치열한 토론을 벌여 1949년 11월 인도 건국헌법을 최종 통과시켰다.

인도 건국헌법 제정 과정에서도 암베드카르와 간디는 서로 다른 견해를 표출하며 충돌하였다. 간디가 꿈꾸었던 독립국가 인도의 모습은 '자급자족하는 전통적인 농촌국가'였다. 인도 자체가 하나의 커다란 대륙이기 때문에 식민지 세력 등 외부의 수탈만 없다면 자체 생산력을 기반으로 전통적으로 내려온 사회질서 속에서 모든 국민들이 함께 잘 살아갈 수 있다고 생각했다.

그런 차원에서 간디는 '촌락(마을, Village)'을 정치의 기본단위로 해야 한다고 주장하였다. 인도 전통의 '판차야트(Panchayat)'는 촌락 단위에서 대소사를 결정하는 주민회의체인데, 이 판차야트 대표인 촌장이 마을 주민들의 정치적 의견을 수렴하여 그들을 대표해서 한 표를 행사하면 된다는 것이다.

이에 반하여 암베드카르는 '개인(Individual)'을 정치의 기본단위로 상정했다. 권리와 의무, 민주적 자치의 출발점이 '촌락'이 아니라 '개인'이어야 한다는 서구형 민주주의를 주장하였다. 무엇보다도 암베드카르는 각 촌락 단위로 자치권을 행사할 경우 불가촉천민의 의사는 무시되고 사실상 촌장의 의사에 좌우될 가능성이 크다는 현실적인 불공정을 강하게 비판하였다.

그는 인도 건국헌법 제정과정에서 "모든 개인은 하나의 표를 가지며, 그 하나의 표는 동등한 가치를 지닌다"는 민주주의 대원칙을 끝까지 관철하여 인도가 개인의 자유와 평등을 기초로 한 서구형 민주주의 국가로 탄생하는 데 크게 기여하였다. 이는 정치분야에 있어서 불가촉천민들이 다른 상위 계층과 동등하게 한 표씩 투표권을 행사할 수 있는 평등한 존재가 되었음을 의미한다.

또한 암베드카르는 수천 년 동안 내려온 불가촉이라는 역사적·사회적 차별을 금지하는 내용을 건국헌법에 포함시켰다. 인도 헌법 제17조에는 "불가촉 제도는 폐지되며 어떠한 형태로든 관행으로 삼을 수 없다. 불가촉으로 인한 차별대우는 법에 의해 처벌된다"고 규정되어 있다. 이것은 인도 정부가 헌법이라는 국가 최고의 공식문서를 통해 정식으로 불가촉 제도를 폐지한다고 선언한 엄청난 사건이다.

인도 헌법 제15조에는 "모든 국민은 공공시설의 이용에 있어서 어떠한 이유(종교, 인종, 카스트, 성별, 출생지 등)로든 차별 대우를 받아서는 아니 된다"고 되어 있다. 이러한 헌법 규정에 근거하여 힌두교의 가장 큰 오점인 '불가촉'이라는 사회적 저주는 공식적으로 금지되었고, 불가촉천민들은 독립된 나라의 당당한 국민으로서 동등한 권리와 혜택을 누릴 수 있게 되었다.

한편 암베드카르는 '정치적 영역'인 선거에서 모든 사람들이 신분의 차별 없이 동일한 1인 1표를 가진다고 하더라도, '사회경제적 영역'에서는 최하층민들이 상층 계급과 동일한 출발선상에서 자력으로 경쟁하는 것이 불공정하다고 보았다. 그는 역사적으로 차별받아 온 불가촉천민이 공직, 교육 등 여러 분야에 진출할 수 있도록 특별한 배려와 우대정책이 필요하다고 주장하며 이를 끝까지 관철시켰다.

인도 헌법 제46조는 교육과 경제적 복지 지원에 있어서 최하층민 보호를, 제330조와 제332조는 최하층민의 인구 비례에 의한 의회 의석수 할당을 규정하고 있으며, 제335조는 공직 취임에 있어서의 특별한 배려를 담고 있다. 이에 따라 인도 사회에서 가장 약자인 두 집단, 즉 불가촉천민과 소수 원주민 부족에게 정부 공직분야와 교육분야에서 각각 15%와 7.5%의 할당제 혜택을 부여하였다.

이러한 할당 비율은 1931년 영국 식민지 정부가 실시한 총인구 조사 때 나온 인구 비율을 그대로 적용하여 정한 것이다. 전국에 공통적으로 적용되는 할당제 대상 자리는 연방정부 공직 정원, 연방 공기업 정원, 선출직인 연방 하원의원 정수, 국공립 대학교 입학 정원 및 교수 정원 등으로 조직 내 승진 시에도 할당제 비율은 적용되었다.

이 할당제를 통해 수많은 최하층민들이 고등교육과 유학의 혜택을 받고 선출직 의원과 행정관료로 진출하면서 불가촉천민의 지위 향상에 큰 역할을 했다. 암베드카르는 자신이 교육을 통해 스스로의 운명을 개척해 왔듯이 교육의 기회를 제공하는 것을 대단히 중시하였다. 그는 부모가 자녀들을 교육시킴으로써 자녀들이 자기에게 주어진 숙명의 굴레를 벗어던지고 스스로의 운명을 바꿀 수 있다고 역설하였다. "자녀들의 보다 나은 앞날을 기원하지 않는 부모라면 짐승과 다를 게 없다"라고.

암베드카르는 불가촉천민들이 구조적인 가난 때문에 공직 진출에 필요한 교육을 받을 기회를 박탈당한 것이므로 그들에게 일정 수의 공직 정원을 할당해야 한다고 주장하며 이를 헌법에 반영하였다. 1942년 암베드카르는 인도 총독 산하 행정위원회 노동문제 담당관으로 있을 때 불가촉천민 학생의 해외 유학길을 열었으며, 1945년부터 뭄바이에 있는 '민중교육협의회'의 지원을 받아 각급 학교, 대학교, 기숙사를 세우기도 하였다.

■ 암베드카르가 남긴 유산들

미국에 흑인 인권운동가 마틴 루터 킹이 있다면 인도에는 불가촉천민의 아버지 암베드카르가 있다. 불가촉천민들은 암베드카르가 인도 건국헌법에 뿌려 놓은 씨앗을 알고 있다. 즉 불가촉 제도의 영원한 폐지 및 차별 금지, 계급에 상관없는 1인 1표의 동등한 투표권, 불가촉천민 등 사회적 최하층민의 공직 진출 및 교육 기회를 보장하는 할당제 등을 통해 오늘날 인도 사회에서 그들의 사회적 지위가 많이 향상되었으며 강력한 정치세력 중 하나로 자리잡았다.

지금까지 불가촉천민 출신 중에서 대통령, 하원의장, 대법원장, 부총리, 장관, 주정부 총리, 대학총장 등을 배출하였으며, 그 대표적인 사람은 다음과 같다.

- **암베드카르**(B. R. Ambedkar) : 초대 법무부장관, 건국헌법 기초위원장
- **나라야난**(K. R. Narayanan) : 제10대 대통령
- **발라크리슈난**(K. G. Balakrishnan) : 전 대법원장
- **바부 람**(Babu Ram) : 전 부총리
- **발라요기**(G. M. Balayogi) : 전 하원의장
- **마야와티**(Mayawati) : 전 우타르프라데시 주 총리
- **코빈드**(R. N. Kovind) : 제14대 현 대통령

그러나 최하층민들의 불평등을 해소하기 위해 도입한 '할당제'가 70여 년의 세월이 흐르면서 지나치게 정치화되어 많은 갈등과 부작용도 낳고 있다. 제도 도입 초기인 1956년 당시에도 암베드카르는 인도 아그라에서 이렇게 연설하였다.

"최하층민 출신으로서 고등교육을 받은 사람들은 나를 배신했습니다. 나는 그들이 고등교육을 받고 난 후에 우리 사회에 봉사하리라고 기대했습니다. 하지만 나에게는 오직 자신들의 배를 채우기에 급급한 사무원들만 눈에 띕니다."

이와 같은 상황은 1956년이나 지금이나 크게 다를 바가 없어 보인다. 일단 인도 사회의 엘리트로 성장한 뒤에는 하층 사회에 대한 자신들의 의무를 망각하고 친척들과의 교류조차 꺼리는 경우가 많다고 한다. 또한 할당제에 대해 상층 카스트들의 불만이 많아 종종 사회적 갈등을 야기하면서도 반대로 지방의 소규모 왕족 출신들이 할당제의 혜택을 노리고 자신들을 최하층민으로 강등시켜 달라고 시위를 벌이는 경우도 있었다.

람 나트 코빈드 제14대 현 인도 대통령
(출처 The Rashtrapati Bhavan)

이러한 사태는 할당제 도입을 통해 최하층민의 지위를 향상시켜 카스트 계급을 없애고자 하는 본래 목적과는 달리, 오히려 혜택을 누리는 최하층 카스트의 정체성을 크게 강화시키는 모순을 보여 주고 있는 것이다.

오늘날 인도의 카스트는 너무 정치화되어 있다. 내각책임제를 채택하고 있어 지방선거를 포함하면 일 년 내내 선거가 치러진다. 카스트 구성원들은 집단 투표를 통해 정치적 힘을 과시하고

유무형의 이득을 얻으려 하며, 같은 마을이라도 카스트에 따라 투표 성향이 달라진다. 이에 따라 중앙정부와 지방정부의 정치세력들은 건국헌법 시절 도입한 최하층민에 대한 할당 비율 22.5% 이외에도 차상위 중간 계층에 대해서도 27%의 추가 할당 혜택을 부여하는 등 사실상 포퓰리즘 정치를 하고 있다.

이렇게 카스트에 의존하는 정치는 나라의 미래와 다수 국민의 이익을 위한 보편타당한 정책보다는 부패나 실정(失政)을 저질러도 무조건 자신들의 지지기반이 되는 집단을 찍어 주는 폐해를 낳고 있다.

이러한 모순과 병폐를 예언이라도 하듯 암베드카르는 인도 건국헌법 제정 과정에서 "제아무리 훌륭한 헌법이라 할지라도 그것을 운용하는 자들이 악당(惡黨)인 경우에는 악법으로 전락하고 만다"고 우려를 표명했다.

그러나 이러한 현실적인 모순과 갈등에도 불구하고 수천 년간 인도 사회를 지배해 온 계급 차별을 암베드카르가 헌법을 통해 폐지하지 않았다면 지금까지 상층 카스트가 나라를 좌우하고 하층 카스트를 지배하는 구조가 계속 이어졌을 것이다.

인도는 유권자만 9억 명이 넘는 세계 최대의 민주주의 국가다. 수억 명의 거대한 빈곤 인구와 문맹자가 있는 현실 속에서도 유권자들은 동등한 한 표씩을 행사하여 자신들의 정부와 지도자를 선택한다. 즉 암베드카르가 간디와 논쟁하면서 관철시킨 '누구에게나 동등한 한 표의 투표권'을 부여하는 민주주의 선거제도가 멸시받던 최하층민들을 당당한 인도 국민으로서의 지위를 누릴 수 있게 해 주고 있는 것이다.

이 세상의 가난하고 핍박받는 자들을 위해 일생을 바친 암베드카르의 말은 우리 모두에게 많은 울림을 남긴다.

"이 세상에 수많은 불행이 존재한다는 것을 알고 그냥 가만히 있는 것은 옳은 일이 아니다. 필요한 것은 세상으로부터 도망치는 것이 아니라 세상을 더 나은 곳으로 만드는 것이다."

※ 이 글은 《암베드카르》(디완 찬드 아히르 씀, 이명권 옮김, 열린서원)'의 내용을 전재 또는 요약한 것이 일부 포함되어 있습니다.

제4장
자치(自治)다운 지방자치를 위하여

지방자치 30년, 자치단체장의 철학과 덕목

공짜 복지 시리즈와 재정의 건전성

네루의 '사회주의 통제경제' 실험이 남긴 교훈

우리는 '요양보호 천사'와 함께 살고 있다

지방자치 30년, 자치단체장의 철학과 덕목

단체장이 어떤 미래비전을 제시하느냐에 따라 지역 발전이 크게 영향을 받을 수 있다. 선거를 의식한 단기적인 선심성 정책에만 관심을 쏟는 단체장이 아니라, 4차 산업혁명이라는 시대정신과 미래사회를 내다보고 장기적인 지역 발전 비전을 제시할 수 있는 폭넓은 경험과 역량을 갖춘 단체장이 필요하다.

1995년 자치단체장과 지방의원을 주민들이 직접 투표로 선출하면서 시작된 지방자치. 민선 지방자치시대가 활짝 열린 지 30년 가까이 된다. 그동안 우리나라 지방자치는 주민들의 참여 확대, 지역 특성을 살린 발전 전략 추진, 생활복지 증진, 친절하고 투명한 행정 등 많은 변화와 발전이 있었다.

지방자치단체장은 자신을 믿고 뽑아 준 지역 주민들에 대해 책임감을 가지고 임기 동안 최선을 다해 부여받은 소명을 다해야 한다. 어떤 철학과 자질을 가진 자치단체장을 뽑느냐에 따라 지역 발전과 주민들의 삶의 질에 많은 차이가 난다는 점을 감안할 때, 약 30년간의 지방자치 경험을 토대로 자치단체장이 갖춰야 할 덕목을 생각해 본다.

첫째, 선심성 단기정책이 아니라 장기 미래비전 제시와 꾸준한 추진이 중요하다.

단체장은 매일 언론에 오르내리는 현안에 매몰되어 장기적인 미래비전에 대해서는 상대적으로 등한시하기 쉽다. 또한 4년마다 돌아오는 선거를 통해 심판을 받아야 하는 단체장 입장에서는 장기적 비전보다는 표를 의식한 단기적인 선심성 정책의 유혹에 더 끌릴 수도 있다.

하지만 지역 발전을 위해서는 장기적 미래비전을 제시하여 꾸준히 추진하는 것이 중요하다. 일례로 충북 오송·오창 지역의 첨단 의약품·바이오 산업단지 조성을 들 수 있다. 관선 서울시장을 지낸 이원종 지사가 민선 충북도지사가 되었을 때 충북 오송·오창 지역에 의약품과 생명과학 등 바이오 산업단지 육성이라는 미래비전을 적극적으로 추진하였다. 당시 우리나라 바이오 산업은 태동기였는데 그는 미래 첨단 고부가가치 산업으로의 성장 가능성을 내다보며 내륙인 충북 지역의 발전을 위해 미래 먹거리로 적극적으로 키운 것이다.

오늘날 충북 오송·오창 지역은 첨단 의약품·바이오 산업단지로 성장하여 지역 일자리와 함께 국가 경제적 가치 창출, 인류의 질병 치료 및 건강 증진에 기여하고 있다.

이런 사례는 단체장이 어떤 미래비전을 제시하느냐에 따라 지역 발전이 크게 영향을 받을 수 있다는 것을 보여 준다. 선거를 의식한 단기적인 선심성 정책에만 관심을 쏟는 단체장이 아니라, 4차 산업혁명이라는 시대정신과 미래사회를 내다보고 주민들의 뜻을 모아 장기적인 지역 발전 비전을 제시할 수 있는 폭넓은 경험과 역량을 갖춘 단체장이 필요하다.

둘째, 자치단체장은 사회적 약자를 보호하고 이들의 눈물을 닦아 주어야 한다.

요즘같이 불특정 다수를 대상으로 남발하고 있는 퍼주기식, 나눠먹기식, 현금살포식의 무상복지 시리즈는 지속가능성이 없는 환상 같은 정책이며, 언젠가는 나라 곳간을 텅텅 비게 하여 미래 세대에게 빚을 남기게 된다.

나라나 지방자치단체의 재정에는 한계가 있으므로 긴 안목을 가지고 재정 건전정책을 수립하여 알뜰하게 꼭 필요한 곳에만 써야 한다. 홀몸노인이나 기초생활수급자 등 생계가 어려운 사회적 약자와 코로나로 인해 직격탄을 맞은 소상공인, 자영업자 등 어려운 계층에게 집중 지원함으로써 함께 살아가는 지역 공동체를 만들어 나가야 할 것이다.

셋째, 공무원의 정치적 중립을 지켜 주어야 한다.

1995년 민선 단체장을 처음 선출한 이후 선거가 거듭되면서

▲ 오송의료복합단지(출처 오송첨단의료산업진흥재단)
▼ 코로나 이후 지역 경제에 대한 의견 청취

공무원들이 너무 정치에 휘둘리고 있다는 지적이 많다. 공무원의 정치적 중립이란 어느 정당이 집권하든 당파적 중립성을 지키면서 국민을 위해 성실하게 일하고 봉사하는 것을 말한다. 민선 단체장이 바뀔 때마다 내 편 네 편으로 나누는 편가르기는 공무원들을 눈치 보게 만든다. 평소에 중립을 지키며 맡은 일에만 충실하던 공무원조차도 선거가 끝난 후에 상대편 쪽 공무원으로 매도당하는 경우가 있다고 한다.

공무원은 법에 의해 정치적 중립 의무가 규정되어 있고, 선거가 아닌 '공무원 시험'이라는 또 다른 제도를 통해 공직을 수행하는 권한을 국민으로부터 부여받은 사람이므로 이들의 정치적 중립을 지켜 주는 것은 민선 단체장의 의무다.

또한 자치단체장은 당적을 갖고 선거에 의해 선출되는 신분이기는 하지만, 취임 후에는 당파적 색깔을 초월하여 중립적으로 일을 처리함으로써 지방행정의 지나친 정치화를 경계해야 한다. 임기 도중 총선에 출마하기 위해 사퇴하는 등 자신의 출세를 위한 디딤돌로 자치단체장 자리를 이용하는 것 또한 정치적 중립 측면에서 볼 때 바람직하지 않다.

공무원 스스로도 전문행정가로서의 실력과 자부심을 바탕으로 민선 단체장의 정치적 성향과 관계없이 오로지 국민을 위한 봉사자라는 공무원 본연의 임무를 지킬 수 있는 조직문화를 만들어 나가야 한다.

나는 지방행정은 중앙정치와 달라야 한다는 소신을 갖고 있다. 중앙정치의 대립과 혼란에 휩쓸리지 않고 철저하게 지역 실정에 맞는 주민 생활자치를 해야 한다고 생각한다. 자치단체 공무원의 정치적 중립을 지켜 주기 위한 방안의 하나로 기초자치단체장과 의원만이라도 정당 공천을 하지 않는 것을 중앙정치권이 검토해 볼 수 있을 것이다.

참고로 2020년 12월 기준으로 일본의 기초자치단체장은 99%가 무소속이며, 기초의회 의원의 약 70%도 정당 소속이 아닌 무소속이다. 이것이 의미하는 바는 정당 중심의 대의민주주의가 대세인 오늘날에도, 풀뿌리 지방자치는 중앙정치권이 꼭 관여하지 않아도 주민 스스로 생활자치가 가능하다는 것을 말해 준다.

넷째, 자치단체장은 외부의 부당한 압력과 청탁으로부터 조직과 공무원들을 보호해야 한다.

주민의 표에 의해 선출된 단체장이다 보니 지역 주민, 정치권 등으로부터 민원이나 청탁이 있을 수 있다. 이때 단체장은 무조건 이를 조직 내에 전달하여 검토하게 하기보다는, 소위 '김영란법'이라 불리는 부정청탁금지법에서 허용하는 '공익 목적의 고충민원'인지 여부를 먼저 판단해서 거르는 노력이 필요하다. 이렇게 단체장이 확고하게 부당한 외풍을 막아 줘야 공무원들이 법과 원칙에 따라 소신껏 행정업무를 처리할 수 있을 것이다.

다섯째, 인사(人事)는 인사권자의 권한이 아니라 의무다.

인사가 만사(萬事)라는 말이 상징하듯 조직이 성과를 내려면 압력성 청탁을 배제하고 원리 원칙대로 적재적소에 인재를 배치해야 한다. 특히 이러한 원칙을 인사권자인 자치단체장이 단호하게 지키지 않으면 공무원들은 정치권을 찾아다니며 인사청탁을 하기 바쁠 것이다.

또 자치단체장이 승진이나 보직 발령시 업무능력, 실적, 청렴성을 갖춘 인재를 발탁하기보다는 정치적 성향이나 개인적인 친소 관계에 따라 인사권을 행사한다면 조직의 성과 창출은 물론이고 공무원들의 사기(士氣)도 한없이 땅에 떨어질 것이다.

나는 과천과학관장 직무대리로 근무하면서 '인사(人事)는 인사권자의 권한이 아니라 잘 해내야 하는 의무'라는 확고한 신념하에 승진심사, 근무성적 평가, 성과급 부여, 상훈 등을 공정하게 처리하려고 노력했다.

어떤 인사 결과가 나왔을 때 대부분의 직원들이 '침묵'한다고 하더라도 이는 각자의 의견이 없는 것이 아니라 단지 표현을 하지 않을 뿐이라는 것을 나는 잘 알고 있다. 승진과 출세를 위해 정치권에 줄을 대는 정치공무원이 아니라 묵묵히 맡은 바 일을 성실히 수행하는 참된 공무원이 누군지 동료들은 다 알고 있다. 그래서 나의 인사 원칙은 '직원들 다수가 납득할 수 있는 결과'를 도출하는 것이다.

공짜 복지 시리즈와 재정의 건전성

"지옥으로 가는 길은 선의(善意)로 포장되어 있다"는 말처럼 재정의 지속 가능성이 뒷받침되지 않는 공짜 복지 공약은 국민을 유혹하는 사탕발림이다. '복지 시책'과 '재정 건전성'은 동전의 양면같이 상호 영향을 미치며 떼려야 뗄 수 없는 한 묶음이다. 어느 한쪽만 선택하거나 의도적으로 어느 한쪽을 무시할 수 있는 것이 아니라 동시에 검토해야 하는 하나의 정책이다.

공직 생활 중 1997년 말에 경험한 IMF(국제통화기금) 사태는 대단히 충격적인 사건이었다. 외환 위기로 인해 IMF로부터 구제금융을 받아야 하다니! 이는 방만한 재정정책으로 외화를 제대로 관리하지 못한 데 따른 것이다. 구제금융을 받게 되면 국가신인도가 떨어지는 것은 물론, IMF의 지시에 따라 경제구조 자체를 재편해야 했다. 명분은 경제개혁이지만 그 과정에서 우리 기업이 외국에 싼값으로 넘어가거나 대대적인 구조조정이 뒤따랐다.

솔직히 말하면 당시 나는 국가신인도라는 것에 대해 자세히 알지는 못했다. 우리나라에 앞서 몇몇 동남아 국가에서 부도사태가 발생했다는 뉴스가 나오고, 국내 언론에서도 국제신용평가기관이 우리나라 국가신인도를 하향 조정했다는 기사를 보고서야 알게 되었다.

그때 우리나라는 IMF의 긴급 구제금융으로 국가 부도사태는 막았지만, 대신 IMF가 정한 가이드라인에 따라 공공부문, 민간부문 할 것 없이 혹독한 구조조정에 들어갔다. 은행이 문을 닫고 중소기업이 도산하고 대기업도 강제로 통폐합, 인수합병을 당하거나 외국계 자본에 헐값에 팔려 나가면서 수많은 실업자와 노숙자가 생겨났다. 이 모든 원인은 외국으로부터 무분별하게 너무 많은 빚을 얻어 쓴 데 기인한 것으로, 가정이나 기업은 물론 국가조차도 빚을 갚지 못하면 부도가 날 수밖에 없다는 교훈을 보여 준 사례다.

과도한 부채로 인한 부도 가능성은 지방자치단체도 예외가 아니다. 따라서 지방재정의 건전성은 성공적인 지방자치를 위해 반드시 확보해야 할 핵심 가치다. 지방재정은 국민 세금인 만큼 당연히 아껴서 효율적으로 써야 한다. 이와 동시에 사회적 약자를 위한 복지 서비스, 미래성장을 위한 투자, 도시 인프라 확충 등을 지속적으로 뒷받침할 수 있도록 계획성 있게 운용하여 건전성을 확보하는 것이 중요하다. 이러한 사실을 우리는 IMF 사태를 거치면서 뼈저리게 경험한 바 있다.

그러나 현실은 그렇지 못한 경향이 있다. 지방선거를 실시한 지 30년이 되었고 해마다 다양한 선거를 치르면서 '복지 시리즈'가

정치권의 화두가 되어 왔다. 영국의 어느 노동연금부 장관이 "복지 예산을 늘리는 것은 정치인들에게 항상 매력적으로 다가온다"고 설파한 대목은 선거 때마다 퍼주기식, 나눠먹기식, 현금살포식 포퓰리즘성 복지 공약의 남발을 지적한 것이다.

이러한 공약들은 상당부분 표를 얻기 위한 선심성 공약이라는 지적이 많다. 진정으로 국민을 위한 공약인지, 아니면 미래세대에 빚을 지우는 포퓰리즘 복지 공약인지 의구심을 갖지 않을 수 없다.

문제는 이러한 복지 시책은 한번 도입해서 시행하면 일회성으로 끝나는 것이 아니라 향후 지속적으로 지출해야 하는 경우가 대부분이라는 데 있다. 즉 '복지에 후퇴와 중단은 없다'는 뜻이다. 동서고금을 막론하고 "이 세상에 공짜 점심은 없다"는 말은 인류가 체득한 진리 중 하나다. 가정이나 사회, 국가가 진 부채는 앞으로 우리 미래세대가 갚아 나가야 할 빚이다. 아들과 손자의 미래 수입을 미리 당겨서 쓰고 그 뒷감당은 후손들에게 떠넘기는 것이다.

이 같은 행태는 앞으로 선거 때마다 반복될 가능성이 크며, 언젠가는 국가채무가 눈덩이처럼 불어나 또다시 제2의 IMF 사태를 초래하지 않을까 우려된다. 따라서 '미래세대에 빚을 지우는 복지 공약' 같은 것은 최대한 신중해야 하며, 불가피한 경우에도 미래세대에게 그 이유를 충분히 설명하고 어느 정도 사회적 합의를 이끌어 내는 노력이 필요하다고 본다.

관련 신문 기사

또한 무차별적인 복지 공약이 남발되면 중앙정부뿐만 아니라 지방자치단체도 부담이 커진다. 즉 국비·시비 매칭사업 증가로 지방재정의 자율성이 침해되고, 가용재원 잠식·재정압박 심화 등 재정 건전성을 악화시키는 요인이 되어 지방재정이 파탄나는 경우도 생길 수 있다.

그렇게 되면 해당 자치단체는 조직, 인력, 예산, 복지시책, 인프라 투자 등에 있어 엄청난 구조조정 압력을 받을 것이고, 그 피해는 고스란히 주민들이 떠안게 될 것이다. 특히 사회복지 혜택이 반드시 필요한 사회적 약자 계층의 고통은 훨씬 더 클 것이다. 따라서 지방자치단체의 재정 건전성 확보를 위한 노력은 사회적 약자들의 지속가능한 복지를 위해서도 반드시 필요하다.

■ 진정한 복지는 '더 튼튼하고 지속 가능해야 한다'

"지옥으로 가는 길은 선의(善意)로 포장되어 있다"는 말처럼 재정의 지속 가능성이 뒷받침되지 않는 공짜 복지 공약은 국민을 유혹하는 사탕발림일 뿐이다. '복지 시책'과 '재정 건전성'은 동전의 양면같이 상호 영향을 미치며 떼려야 뗄 수 없는 한 묶음이다. 어느 한쪽만 선택하거나 의도적으로 어느 한쪽을 무시할 수 있는 것이 아니라 동시에 검토해야 하는 하나의 정책이다.

진정한 복지는 '더 튼튼하고 지속 가능해야 한다'고 생각한다. 사회적 약자에 대한 복지분야는 더 튼튼하고 촘촘하게 복지

그물망을 강화해야 한다.

하버드대 존 롤스 교수가 《정의론》에서 "사회적 약자에 대한 보다 더 많은 배려와 지원은 정의의 원칙에 어긋나지 않는다"고 주장한 것 역시 이러한 맥락으로 이해할 수 있다.

일반적으로 '최고의 복지'는 국민에게 '일자리'를 마련해 주는 것이다. 사람은 일을 통해 먹고사는 문제를 해결하고 성취와 보람, 그리고 자아실현의 기쁨을 맛볼 수 있다. 청년층에게도 여성에게도 장애인에게도 은퇴한 노년층에게도 일자리는 필요하다. 일자리야말로 가치창출을 통해 지속가능한 복지를 뒷받침한다.

그러나 이에 반해 부(富)의 창출에 기반하지 않고 미래세대의 돈을 빌려다 쓰는 식의 복지예산 지출은 황금알을 낳는 거위를 잡아먹는 것과 같다. 돈을 써야 할 곳은 넘쳐나고 재정적 뒷받침은 안 되는데도 경쟁적으로 무분별한 선심성 복지 공약을 남발한다면 국가나 지방자치단체는 결국 재정 파탄에 직면하고 말 것이다.

언젠가 인터넷에서 본 미국 제40대 대통령 로널드 레이건의 '일자리가 최고의 복지'라는 명언은 우리에게 많은 것을 시사해 준다.

"정부가 모든 사람을 도울 수는 없다.
하지만 모든 사람은 누군가를 도울 수 있다.
가장 좋은 복지 정책은 일자리다.

복지 정책 성공의 척도는
얼마나 많은 사람들이 복지 대상자가 되느냐가 아니라
얼마나 많은 사람들이 복지 대상에서 탈피하느냐다.

막스 레닌을 읽은 사람은 공산주의자가 되지만
막스 레닌을 이해하는 사람은 안티(反) 공산주의자가 된다."

네루의 '사회주의 통제경제' 실험이 남긴 교훈

생산에서 분배까지 관장하고 규제하는 '네루식 사회주의 통제경제'로는 빈곤을 극복할 수도 없고 지속 가능한 경제성장을 이룰 수도 없다. '개방적이고 자유로운 시장경제'만이 더 높은 소득과 많은 일자리를 제공하여 삶의 질을 높일 수 있다.

국가나 자치단체는 만능이 아니다. 국가나 자치단체는 자신들이 해야 할 일과 하지 말아야 할 일을 구분하는 것이 대단히 중요하다. 그들은 민간의 자율성과 창의성을 최대한 보장하여 발전을 조장해야 한다. 동시에 처음부터 공정한 경쟁 자체가 어려운 사회경제적 약자에 대하여는 적극적으로 나서서 이들을 보호해야 한다.

이러한 원칙에도 불구하고 국가가 국민의 자유로운 경제활동에 일일이 개입하고 통제했던 규제지상주의, 행정만능주의의 대표적 사례로 네루 총리의 '사회주의 통제경제' 실험을 들 수 있다. 이 '규제 왕국' 실험은 결국 1991년 인도 정부가 IMF에 구제금융을 신청함으로써 막을 내리게 되었고, 그 여파는 인도 사회의 어려운 계층들의 삶을 더욱 더 힘들게 만드는 결과를 가져왔다.

■ '사회주의 경제체제'를 선택한 네루 총리

1947년 8월 15일 독립국가 인도의 초대 총리로 취임한 자와할랄 네루(Jawahalal Nehru, 1889~1964)는 간디와 함께 영국 식민지배에 대항하여 독립운동을 이끌었던 점진적 사회주의자이자 민족주의자였다.

그는 인도 제헌헌법을 제정하면서 정치체제는 서구식 의회민주주의인 '내각책임제'를 채택한 반면, 경제체제는 서방의 대다수 민주국가가 채택한 자유시장 경제체제가 아니라 '네루식 사회주의 경제체제'를 채택했다.

즉 네루 총리는 의회민주주의라는 정치제제와 정부가 경제를 계획하고 주도하는 네루식 사회주의 경제체제를 결합한 새로운 '정치-경제 모델'을 만들어, 사회

자와할랄 네루 인도 초대 총리
(출처 AFP staff)

적 약자를 구제하면서도 나라 전체를 선진국 수준으로 끌어올리고자 하는 이상적이고 실험적인 시도를 했다.

독립 초기에 인도 국민 대다수는 식량과 생필품조차 구하기 어려운 절대적 빈곤 상태에 놓여 있었다. 네루 총리는 이러한 빈곤의 원인을 영국 식민지 정부에 의한 경제 수탈과 일부 상공업자들의 매점매석을 통한 폭리 추구에 있다고 생각했다.

그는 인도 자체가 하나의 대륙으로서 커다란 내수시장을 가지고 있으므로 외국 자본에 의한 경제적 수탈을 막는다면 충분히 인도 스스로 자급자족 경제를 실현할 수 있다고 보았다.

또한 인도에 자유시장 경제체제를 도입하면 불가촉천민을 비롯한 사회경제적 약자들의 삶은 더욱 어려워지고 공정한 경쟁 자체가 처음부터 불가능한 사회가 될 것이라고 우려했다.

이러한 인식하에 네루 총리는 생산과 분배체계를 국가가 통제하는 '네루식 사회주의 경제체제'를 인도 헌법에 규정하고, 국가가 나서서 절대다수의 빈곤층 국민들을 구제하고 도와주는 경제운용방식을 추구했다.

먼저 외국 자본에 의한 국부 유출을 막기 위해 외국인 투자를 엄격하게 규제하고 인도 자체적으로 공장을 세워 국내 생산품으로 대체하고자 했다. 민간이 외국에서 수입하던 품목들에 대해 정부허가제를 도입하여 엄격히 통제하면서, 동시에 이들 수입품을 대체할 수 있는 국산화 계획을 세워 추진했다.

인도는 워낙 큰 내수시장을 가지고 있으므로 그동안 영국 등 외국에서 수입해 쓰던 물품들을 국산으로 대체하면 외국으로 경제적 부(富)가 유출되는 것을 막을 수 있다고 보았다.

또한 그는 사적(私的) 이익만 추구하는 상공업자들이 국가 발전을 가로막지 못하게 그들의 활동을 정부의 엄격한 통제와 관리 아래 두어야 한다고 생각했다. 이에 따라 철강, 기계, 광산 등 중공업 분야 및 항공, 전력, 통신 등 주요 기간산업에 대해 공기업을 만들어 국가가 직접 운영하거나 소수의 기업만 제한적으로 영업을 허용했다. 그리고 기업의 설립이나 생산시설의 확장, 생산품목의 변경까지도 사전에 정부의 검토를 거치도록 통제했다.

이러한 '네루식 사회주의 경제체제'의 논리적 근거는 다음과 같다. 즉 생산과 분배 등을 자유로운 상태로 놓아 두면 이로 인해 독점의 심화, 지역 간 불균형, 기존 소규모 생산업자들의 피해 등이 발생하므로 사전에 정부의 신중하고도 엄격한 검토가 필요하다는 것이 그 이유였다.

이 같은 사회주의 통제경제를 실행한 초기에는 인도 경제의 70%를 차지하는 농업분야 인프라 구축 등을 통해 다소의 성과를 낼 수 있었다.

그러나 그 다음부터는 공무원들이 칼자루를 쥐고 흔드는 사회주의 통제경제 시스템의 폐해가 심각하게 나타나기 시작했다. 민간에서 사업을 하려면 정부의 허가를 받아야 하는데, 이 과정에서 공무원들의 관료화가 심해지고 각종 비리, 뇌물, 부정부패가 만연해지기 시작한 것이다.

예를 들어 어떤 개인이 공장 설립 허가를 신청하게 되면 일선 부서 검토를 거쳐 상급 부서로 보내지고 여기서 검토가 끝나면 부처 간 합동심의회 심의를 받아 최종적으로 소관 부처 장관의 승인절차를 밟게 된다. 그러나 각 단계마다 공무원들이 검토한다고 붙들고 있는 경우가 대부분이어서 처리기간이 수개월씩 지체되기 일쑤였다.

이렇게 생산품목, 설비규모, 공장 설치 장소까지를 포함한 공장 설립 허가를 받고 나면 또다시 생산기계 수입허가, 외자도입 허가, 은행 융자 등 각 절차마다 똑같은 과정을 반복해야만 했다. 여기에 검토시간을 줄이기 위한 급행료 성격의 뇌물, 로비 등 부정부패의 소지가 상존해 있어 그 심각성이 더해졌다.

이러한 '규제 왕국'에서 인도 공무원들은 '허가를 내주는 왕(License Raj)'이라는 별명을 얻기도 했다.

■ **네루식 사회주의 경제의 폐해**

네루식 사회주의 경제의 또 다른 폐해는 독과점 체제에 따른 특혜 소지였다. 정부의 사업허가라는 커다란 장벽 자체가 신규 사업자들의 시장 진입을 막음으로써 기존 소수의 허가받은 사업자들의 이익을 보호해 주는 역할을 했다. 정부의 허가가 곧 특혜인 시절이었으므로 권력에 줄을 대는 것이 사업 성공의 열쇠였던 것이다.

네루 총리가 외국 자본에 의한 국부 유출을 막기 위해 적극 추진한 '수입물 대체 국산화 계획'도 공장 설립에 필요한 수많은 인허가 과정에서 규제와 부패가 수반되어 진도가 지지부진할 수밖에 없었다. 또 민간이 공장 설립에 필요한 자본재인 공장설비 수입 허가를 신청해도 정부가 국부 유출을 이유로 허락하지 않거나 규제하는 바람에 공장을 제대로 짓거나 돌리는 데 큰 어려움을 겪었다.

이렇게 기업 활동에 대한 정부의 규제가 강화되는 데 비례해서 기업의 생산성은 극도로 낮아지고 인도의 제조업은 글로벌 경쟁력을 잃어 갔다. 더욱이 네루 총리는 정부 주도의 중화학공업 우선 육성 정책과 기간산업 국영화라는 반(反)시장경제적인 정책을 적극 추진했다.

철도청을 비롯한 공기업들이 거대한 인도 내수시장을 독점했고, 석유산업 등 국가 기간산업 대부분도 국영화되었다. 이러다 보니 경쟁 상대가 없는 환경 속에 공기업 특유의 비능률, 저생산성, 품질관리 실패, 경영혁신 의욕 상실 등으로 만성 재정적자에서 벗어나지 못했고, 인도 국민들은 울며 겨자 먹기로 질 낮은 상품을 쓸 수밖에 없었다.

또한 인도의 사회주의 경제체제 하에서는 외국과의 무역거래에 있어서도 정부가 설립한 STC(State Trading Corporation)가 수출입 업무를 관장하며 규제했다고 한다. 이를테면 인도에 시멘트 물량이 부족하면 STC가 부족한 물량만큼 수입 쿼터를 통해 필요량을 확보하고 이를 공무원이 수요처에 배정하는 방식이다.

한 사례로 1970년대 후반 뉴델리에 있는 한국대사관 건물을 지을 때, 대사관 측은 인도에서 생산된 시멘트보다 품질이 훨씬 뛰어난 한국산 시멘트를 사용하고자 했다. 이를 관철하기 위해 대사관 고위 외교관이 수입 시멘트를 배분하는 국가기관 담당직원 사무실을 직접 찾아가서 부탁하는 일도 있었다고 한다.

이렇듯 생산에서 분배까지 관장하고 규제하는 네루식 사회주의 통제경제는 공무원들의 늑장행정, 부패 만연과 함께 기업의 성장 의욕 상실, 외국인 투자 회피를 불러와 '힌두 성장률'이라는 비아냥을 들을 정도로 저조한 성장률을 기록하며 인도 경제를 빈사 상태로 만들었다. 결국 인도는 1991년 IMF에 구제금융을 신청함으로써, 독립 이후 거의 30년간 저성장의 늪에 빠지게 만들었던 '네루식 사회주의 경제체제'의 실험은 막을 내리게 되었다.

■ 자유시장 경제체제로 전환한 라오 총리

이어 1991년 취임한 국민회의당의 라오(Rao) 총리는 IMF 경제위기 극복을 위해 네루의 사회주의 경제체제를 포기하고 자본주의 자유시장 경제체제로 전환하는 각종 개혁 개방 정책을 천명하고 힘찬 시동을 걸었다. 당연히 변화는 진통을 겪기 마련이듯 개혁 초기에는 관료들의 저항과 정부의 독점적 보호에 길들여진 공기업들의 민영화 저항에 부딪혀야만 했다. 그러나 라오 총리는 줄기차게 개혁 개방 정책을 추진하여 인도 경제를 연평균 6% 이상의 고속 성장으로 이끌었다.

이후 2014년과 2019년 총선에서 연거푸 승리한 인도국민당(BJP)의 나렌드라 모디(Narendra Modi) 총리가 들어서 앞 정권이 도입한 자유시장 경제체제를 바탕으로 대외시장 개방, 수출 주도 제조업 육성, 외국인 투자 유치, 공기업 민영화 등 강력한 자본주의 시장 경제정책을 추진하여 많은 일자리를 만들어 나가는 등 높은 경제 성장률을 이어오고 있다.

여기서 인도의 재미있는 사실 한 가지를 보자. 경제개혁과 개방 정책은 직전 집권당인 국민회의당이 1991년 IMF 극복을 위해 도입한 것인데, 모디 총리의 인도국민당에게 정권을 빼앗긴 후에는 야당의 입장에서 이를 반대하였다는 점이다.

우리나라도 이와 다를 바 없는 현상이 반복 되풀이되었다. 실례로 노무현 정부 때 정책이 결정되어 추진된 '한미 FTA협정 체결', '제주도 강정마을 해군기지 건설사업'을 들 수 있다. 이 경우도 당시 여당이었던 집권당이 정권이 바뀌어 야당이 되자 반대 입장으로 돌아섰다. 옳고 그름이라든지, 무엇이 국가와 국민을 위하는 것인가는 생각지 않고 진영 논리에 휩싸여 반대를 위한 반대를 한다는 느낌을 지울 수 없다. 인도나 우리나라나 참 비슷하다는 생각이 든다.

■ **우리나라를 인도 제조업 육성 모델로 삼은 모디 총리**

현재 인도의 자본주의 시장경제를 힘차게 추진하고 있는 모디 총리는 제조업 육성 모델로 우리나라를 꼽고 있다. 그는 인도 중서부 구자라트 주지사 시절부터 우리나라를 방문해 포항, 울산 등 주요 공업도시를 꼼꼼히 둘러보았고, 총리가 된 뒤에도 우리나라를 여러 차례 찾는 등 양국의 경제협력을 강화하고 있다.

나렌드라 모디 인도 총리
(출처 Government of India)

네루 총리 시절의 통제경제 하에서는 양국의 경제 교류가 거의 없었지만, 자유시장 경제체제로 전환한 이후에는 양국 간 교역이 지속적으로 증가해 오고 있다. 오늘날 우리에게 13억 인도 시장이야말로 중국 시장과 맞먹는 규모의 새로운 블루오션이 될 것이다.

우리는 여기서 '네루식 사회주의 경제체제'로는 빈곤 극복을 실현시킬 수 없을 뿐만 아니라 지속가능한 경제성장을 이룰 수 없으며, '개방적이고 자유로운 시장경제'만이 국민들에게 더 높은 소득과 많은 일자리를 제공하여 삶의 질을 높일 수 있다는 사실을 깨달을 수 있다.

그럼에도 우려되는 건 우리 정치권의 현실이다. 시장에 맡겨야 할 자영업을 '음식점 허가 총량제' 등으로 규제하겠다는 건 자유로운 시장경제체제에 역행하는 것으로 규제지상주의, 행정만능주의적 발상이 아닐 수 없다.

혁신은 통제가 아닌 '자유'에서 나온다. 국가나 자치단체의 역할은 국민 각자의 자유로운 선택을 최대한 보장하여 우리나라 경제·사회의 창의성과 발전을 유도하되, 공동체의 규범을 벗어나는 방종은 제재하는 최소한의 규제에 그쳐야 할 것이다.

우리는 '요양보호 천사'와 함께 살고 있다

하루빨리 코로나 사태가 진정되어 시니어 요양보호사들이 재가노인, 노인요양시설에서 보람 있는 봉사활동을 하는 날이 오기를 기대한다. 그리하여 독박 요양, 독박 간병 부담을 짊어지고 힘들어하는 가족들에게 요양보호 천사들의 도움으로 하루에 단 몇 시간만이라도 자유롭게 숨 쉴 수 있는 시간이 주어졌으면 하는 바람이다.

"온몸을 움직여 생명을 돌보는 천사!"
내가 요양보호사에 대해 가지고 있는 생각이다.

가족을 따라 가끔 성당에 가곤 한다. 10여 년 전 미사에 참석하여 주보(週報)에 실린 글을 읽었다. 방송인 최유라 씨가 라디오방송에서 소개한 〈어느 요양원에 계신 할머니의 글〉인데 아직까지 내 머릿속에 또렷이 남아 있다.

"나이 들고 병들어 누우니 잘난 자나 못난 자나 너나할 것 없이 남의 손 빌려 하루를 살더이다. 그래도 살아 있어 남의 손에 끼니를 이어가며 똥오줌 남의 손에 맡겨야 하는구려! 당당하던 그 기세 허망하고 허망하구려. 내 형제 내 식구가 최고인 양 남을 업신여기지 마시구려. 내 형제 내 식구 피 한 방울 섞이지 않은 바로 그 남이 어쩌면 이토록 고맙게 웃는 얼굴로 나를 이렇게 잘도 돌봐주더이다.

아들 낳으면 일촌이요, 사춘기가 되니 남남이고, 대학 가면 사촌이고, 군대 가면 손님이요, 군대 다녀오면 팔촌이더이다. 장가 가면 사돈 되고 이민을 가니 해외동포 되더이다. 딸 둘에 아들 하나면 금메달이고 딸만 둘이면 은메달인데, 딸 하나 아들 하나면 동메달이 되고 아들 둘이면 목메달이라 하더이다.

장가간 아들은 희미한 옛 그림자 되고, 며느리는 가까이하기엔 너무 먼 당신이요, 딸은 아직도 그대는 내 사랑이구려. 자식들 모두 출가시켜 놓으니 아들은 큰 도둑이요 며느리는 좀도둑이며 딸은 예쁜 도둑이더이다. 인생 다 끝나가는 이 노모의 푸념이 한스러울 뿐이구려."

이 글에서 할머니는 아들딸을 낳아 잘 키워 출가시켰으나 정작 노년에는 자신을 먹이고 씻기고 입히고 휠체어 태워 산책시켜 주는 고마운 손길은 바로 피 한 방울 섞이지 않은 요양보호사라는 현실을 한탄하고 있다.

■ 천사 같은 요양보호사를 만나

내 아버지께서도 노년에 고향이 좋다면서 그곳에서 요양보호사의 도움을 받으며 생활하시다가 돌아가셨다. 그 덕에 나는 요양보호사가 하는 일과 그 고마움에 대해 깨닫게 되었다.

서울에서 공직 생활을 하다 보니 자주 찾아뵙지 못하고 가끔 내려가면 아버지께서는 자식이 걱정할까 봐 "요양보호사가 정성껏 돌봐주어 잘 지내고 있으니 걱정 말라"고 말씀하시곤 했다. 나는 그때 만난 천사 같은 요양보호사와 대화를 나누며 요양보호사 국가자격시험 제도와 전문적인 요양보호 서비스 내용에 대해 많은 것을 알게 되었다.

이 고흐 그림은 80대 중반의 내 어머니가 치매 예방을 위해 '명화 그리기' 키트를 활용하여 그린 것이다.

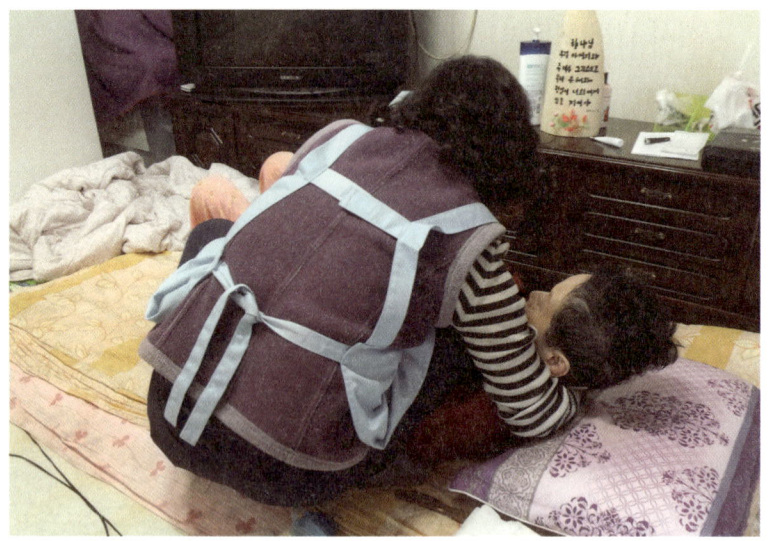

(출처 연합뉴스)

(출처 조선일보)

통계를 보면 2020년 우리나라 65세 이상 고령인구는 15.7%이며 2025년에는 20.3%, 2060년에는 43.9%가 되어 초고령 사회에 진입할 것으로 예측되고 있다. 이러한 노인 인구의 급격한 증가로 부양과 수발 문제가 중요한 사회적 이슈로 떠오른 지 오래다. 이미 정부는 노인 문제를 단순히 가정 내 문제로만 접근해서는 안 되며 사회적 차원에서 해결책 마련이 필요하다는 판단 아래 요양보호사 제도를 비롯한 다양한 정책을 펴고 있다.

요양보호사는 고령이나 노인성 질병 등으로 혼자 일상생활을 하기 어려운 분들에게 필요한 전문서비스를 제공하여, 요양보호 대상자의 건강 증진과 생활 안정을 도모하고 그 가족의 부담을 덜어주는 역할을 톡톡히 하고 있다.

즉 노화와 질병으로 몸이 불편한 분들의 세수, 양치질, 머리감기, 옷 갈아입히기, 목욕, 식사, 화장실 이용, 휠체어 산책 같은 신체활동을 도와준다. 그리고 일상생활을 지원하기 위해 시장보기, 식사 준비, 방이나 거실 청소, 화장실 청결, 침대 정리, 쓰레기 분리수거, 빨래 세탁 서비스 등 가사활동을 돕는다. 이밖에도 은행, 관공서, 병원 방문 등 외출할 때 동행하여 대외적인 활동을 지원하기도 한다.

이러한 물리적 도움과 함께 정서적 지지 역할도 병행한다. 하루 종일 말할 상대가 없는 보호대상자에게 말벗, 격려, 위로, 생활 상담, 의사소통 도움 서비스도 제공한다. 또 가족이나 타인으로부터 신체적 학대, 말 폭력 같은 정서적 학대나 성적 폭력, 위해(危害), 유기 및 방임 등의 학대를 당하는 피해자를 발견하면 즉시 신고하여 피해자를 보호하고 지켜 주는 등 요양보호사의 역할은 그야말로 다양하다.

이처럼 요양보호사는 보호 대상자가 일상적인 생활을 할 수 있도록 도와주는 1차적인 역할과 함께 2차적으로 그 가족들이 짊어지고 있는 요양 부담과 요양 스트레스의 상당부분을 덜어주는 사회적 기여를 하고 있다.

대부분의 중장년 세대는 직장생활과 사회경제활동을 활발히 할 수밖에 없는 것이 현실이다. 따라서 노인인 부모세대와 혼자 힘으로 일상생활이 어려운 사람들을 돌보는 역할을 맡아 주는 누군가가 있어야만 자식 세대가 안심하고 사회생활을 할 수 있다. 종종 언론보도를 통해 독박 간병, 독박 요양 사건에 관한 가슴 아픈 사연을 접하면서 요양보호 문제는 앞으로 더욱 사회적·국가적 차원의 지원이 강화되어야 한다는 생각이 들었다.

수명 연장에 따른 고령화 사회가 심화됨에 따라 앞으로 더 많은 요양보호사가 필요하게 될 것이다. 누구나 노년에는 자식이나 가족이 아닌 생면부지의 사람, 즉 요양보호사의 손을 빌려 하루하루의 일상을 살아가야만 하는 현실에 맞닥뜨릴 것이다.

　몇 년 전 국립과천과학관 노조사무실 개소식 행사가 있었다. 그때 과학관 노조간부 한 분이 나에게 "은퇴 후 무엇을 하고 싶습니까?" 하고 물어본 적이 있다. 나는 "은퇴하면 요양보호사가 되어 봉사하는 삶을 살고 싶습니다"라고 답했다.
　그리고 노인 요양 문제는 우리나라 모든 가정이 안고 있는 우리 사회의 가장 심각한 현실 문제라고 덧붙였다. 청소년 세대는 학업에 열중하고 중장년 세대는 열심히 경제·사회활동을 해야 하기에, 노년세대를 돌보는 것은 '노-노 케어'(건강한 은퇴자가 돌봄이 필요한 다른 노인을 보살피는 것)가 하나의 해결책이 될 수 있다고 말했다. 즉 현직에서 은퇴한 60대의 건강한 분들이 요양보호사 자격증을 취득하여 돌봄이 필요한 다른 노인들 중 일부라도 도와준다면 사회 전체적으로 큰 보탬이 될 것이라고 생각한다.
　누구나 은퇴 후 몸과 정신이 온전한 시절이 지나가면 반드시 남의 도움을 받으며 살아가야 하는 때가 온다. 건강한 은퇴자들이 잠깐씩 시간을 내어 요양보호 봉사활동을 한다면 보람 있는 은퇴 생활과 함께 나중에 남의 도움으로 살아갈 날이 왔을 때 조금은 덜 미안한 마음이 들 것이다.

■ 요양 부담으로 힘든 가족들에게 잠시 숨 쉴 시간을…

평소 이런 생각을 가지고 있던 나는 얼마 전 '새내기 요양보호사'가 되었다. 30년간 몸담았던 공직을 은퇴하고 몇 개월 준비한 끝에 요양보호사 국가자격증을 땄다. 시험공부를 하면서 노인 세대의 부양가족이 매일매일 겪어야 하는 신체적·경제적 어려움과 정신적 요양 스트레스에 대해 깊이 이해할 수 있었다.

하루빨리 코로나 사태가 진정되어 시니어 요양보호사들이 재가 노인, 노인요양시설에서 보람 있는 봉사활동을 하는 날이 오기를 기대한다. 그리하여 독박 요양, 독박 간병 부담을 짊어지고 힘들어 하는 가족들에게 요양보호 천사들의 도움으로 하루에 단 몇 시간만이라도 자유롭게 숨 쉴 수 있는 시간이 주어졌으면 하는 바람이다.

다음은 지하철역 승강장에 걸려 있는 시(詩)다.

뉘시오

심경숙 (2020 시민공모작)

여든여섯 살 노치원생 우리 엄마
처음 본 사람처럼 멀뚱한 시선
밤새 지린 속옷 방안 가득 널어놓고
잠을 잤는지, 밥을 먹었는지
기억 저편, 생각의 저편
하얗게 물든 머리카락 수만큼
헝클어진 시간을 쓰다듬는다.

봄날 양지꽃같이
사랑스럽게 살아계신 우리 엄마
세월을 거꾸로 매달고 간다.
노란 버스를 타고 노치원을 다닌다.
거무스름한 검버섯 얼룩 너머로
시린 가슴 하늘가에 가물거리는
여섯 살 아가가 되어
뉘시오!
그 말에 가슴이 까맣게 탄다.

감사의 글

　인생은 각자의 선택에 따라 달라진다. 이 세상에 태어날 때 부모님을 고를 수는 없지만, 어떤 삶을 살지는 선택할 수 있다. 인생은 어떤 질문을 던지느냐에 따라 방향이 크게 달라진다. 내가 진정으로 하고 싶은 일은 뭔가? 내가 할 수 있는 것은 무엇인가?
　현대그룹 정주영 회장은 어느 대학 특강에서 이렇게 말했다고 한다.

"사람이 왜 태어난 줄 알아요?
잘 먹고 잘 살려고 태어난 게 아닙니다.
'좋은 일' 하려고 태어난 겁니다."

　나는 공직의 길, 그리고 도전적인 삶을 선택했다. 이 세상을 좀 더 나은 곳으로 만드는 데 기여하고 보람을 느끼고 싶었기 때문이다. 공직자가 되어 국민이 원하는 바를 저렴한 비용과 효율적인 방법으로 최선을 다해 도와주는 전문가가 되고 싶었다.

돌이켜보면 나의 삶 자체가 늘 도전의 연속이었다. 기득권이라는 현실에 안주하지 않고 제로 베이스에서 과감하게 도전했다. 진정한 도전은 나 자신의 한계에 도전하는 것이다. 어려워 보이는 일이나 지금껏 마주해 보지 않았던 새로운 분야에 도전한 후 느끼는 성취감은 내 성장의 원동력이 되었다.

나는 무엇을 아는 사람이 아니라 늘 배우는 사람이 되고자 했다. 모르는 것을 안다고 할 수 없기에 관련 자료를 찾고 전문가 자문도 구하며, 선배·동료 공무원의 도움을 받아 배워 나갔다.

대학교 전공과 무관한 공직에 도전, 지방정부에 머무르지 않고 청와대·중앙부처·외교부 해외 대사관까지 거치면서 우물 안이라는 울타리를 뛰쳐나와 넓은 세상과 마주하며 공직 생활을 했다. 일반적인 행정공무원으로서는 경험하기 쉽지 않은 다양한 분야의 업무를 해 본 것이 내게 있어서 큰 행운(幸運)이라고 생각한다.

이 세상에서 나 혼자 이룰 수 있는 것은 없다. 지금 이 순간 내가 만났던 사람들을 떠올려본다. 인생의 의미는 일을 통한 성취에서도 찾지만, 살아오면서 만난 사람들에게서도 찾게 된다. 무엇을 했는가도 중요하지만, 만난 사람들에게 어떤 사람으로 기억되었는지도 소중하다. 그분들에게 받은 도움, 격려, 사랑! 나는 그분들에게 얼마나 많은 마음의 빚을 지고 있는지….

내가 공직 생활을 한 영등포구청, 서울시 본청, 청와대 대통령실, 외교부 주인도대사관, 국가과학기술위원회, 국립과천과학관에서 동고동락한 많은 선후배 공무원들이 생각난다. 좋은 일터, 보람된 인생 여정에서 함께 이끌어 주고 동행해 주고 도와주신 점, 깊이 감사드린다.

나를 키워 준 내서초등학교, 마산중앙중학교, 마산고등학교, 서울대 식품공학과 학창 시절도 잊을 수 없다. 학교라는 배움터에서 나를 깨우쳐 주고 격려해 주신 선생님들께 감사드리며, 우정을 함께 나눈 친구들에게도 고마움을 전한다.

나를 길러 주고 공직 도전의 길을 허락해 주신 부모님 은혜에 깊이 감사드린다. 부모님은 평생 농사만 지으신 분이다. 투박하고 거친, 그 정직한 손으로 자식들 모두 대학교육까지 시키셨다. 아버지는 작년 가을에 돌아가셨다. 홀로 남아 뒷모습이 쓸쓸한 어머니께 남은 효도를 다해야겠다고 다짐해 본다.
그리고 신앙심이 깊으신 장모님께도 주님이 늘 함께하기를 기도드린다.

젊은 시절부터 평생토록 나를 지켜봐 주고 지지해 주신 창희 할머니 내외분께 감사드린다.

내 인생의 좋은 동행자 정은영!

평생 공직자 가족의 행동규범에 어긋나지 않게 조심하며, 아이들을 키우는 데 자신의 인생을 바친 여인이다. 고맙고 사랑한다는 말과 함께, 언젠가 어느 시골 식당에서 본 '꽃반지'라는 시(詩)를 보낸다.

꽃반지

수줍은 보라색
어여쁜 제비꽃

한 송이 반지 만들어
아내의 손가락에

또 한 송이 반지 만들어
애인의 손가락에

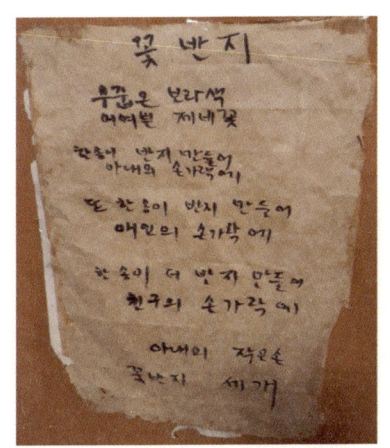

한 송이 더 반지 만들어
친구의 손가락에

아내의 작은 손
꽃반지 세 개

어느새 훌쩍 커서 이번 원고 정리를 도와준 두 아이에게도 고마운 마음을 전한다.

그리고 책을 만들어 주신 이지출판 서용순 대표께 감사드린다.

어느덧 세상은 4차 산업혁명이라는 크나큰 변화의 소용돌이 속으로 접어들었다. 세상이 바뀔 때는 둘 중 하나를 선택해야 한다.

'뒤로 물러나든지, 아니면 도전하든지.'

나는 이제 직업공무원 최호권이라는 한 단원을 마무리하고 시대 변화에 대비하는 새로운 도전을 하려고 한다.

최 호 권